ALAIN BLOTTIÈRE

Reisen auf dem Nil

Ägyptens goldenes Zeitalter

Aus dem Französischen von
Monika Kalitzke

Flammarion

Inhalt

Einleitung
14

Die Überfahrt
17

Alexandria
33

Kairo
50

gesellschaftliches Leben
126

Oberägypten
170

Bibliografie
214

Danksagung
Bildnachweis
216

VORHERGEHENDE SEITEN ▪ Ägypten, 1900–1930: Karnak, Gizeh bei Sonnenuntergang, die Dächer von Kairo, Luxor, das Hotel Cataract in Assuan, Gizeh überschwemmt.

LINKE SEITE ▪ Prinzessin – und spätere Königin – Astrid von Belgien in einem Tempel in Oberägypten, 1930.

Einleitung

Unter den sechstausend hohen Gästen, die von Khedive Ismail zu den verschiedenen Einweihungsfeiern des Suez-Kanals im November 1869 geladen werden, fällt keinem Menschen jener Mann auf, der den Lauf von Ägyptens Geschichte am nachhaltigsten verändern sollte. Mehr noch als Kaiserin Eugénie, Kaiser Franz Joseph oder den Prinzen von Wales, von Preußen oder Holland und noch weit mehr als seinem Freund Ferdinand de Lesseps gelingt es diesem sechzigjährigen Engländer, das Land der Pharaonen magisch zu verklären. Sein Name ist Thomas Cook, und als Gründer der Reiseagentur Thomas Cook & Son waltet er bereits stolz über ein Dutzend Filialen in der ganzen Welt. Am 16. November wird er Zeuge des prunkvollen Feuerwerks, tags darauf besteigt er als unauffälliger Tourist eines der achtundvierzig Schiffe, die im Gefolge von Eugénies *L'Aigle* als erste in der Geschichte den neuen Kanal befahren, der die beiden Meere bis Suez verbindet. Ein Jahr zuvor war er nach Ägypten gekommen, um das Programm für eine Reise ins Heilige Land zu erstellen, die er seinen Kunden ab Frühling 1869 anbieten wollte. Ab diesem Zeitpunkt mietet die Agentur Cook auch zwei Dampfer für jene Touristen, die den Wunsch haben, den Nil hinaufzufahren. Während der Novemberfestivitäten schließt Thomas Cook alle für die Entwicklung dieser Unternehmung notwendigen Kontakte. Im folgenden Jahr erreicht sein Sohn John Mason vom Khediven, ihn als Agent der ägyptischen Regierung für den Passagierverkehr auf dem Nil zu engagieren. Zehn Jahre später gewährt die ägyptische Regierung den Cooks einige Zeit hindurch das Monopol des Nilverkehrs. Das erste Hotel im oberen Niltal war von ihnen schon 1877 gebaut worden. Zu Beginn des nächsten Jahrhunderts überschwemmen jährlich fünfzigtausend Touristen – die »cooks und cookesses«, wie sie Pierre Loti in *La mort de Philae* 1907 bissig betitelt – den Nil. Der Tourismus wird – leider – bald zu einem wesentlichen Wirtschaftszweig Ägyptens. Und schon zu Beginn des 20. Jahrhunderts stoßen die Abenteurer unter den Reisenden von einst, die raren Nachfahren eines Gustave Flaubert, David Roberts, Frédéric Cailliaud oder einer Florence Nightingale hinter jeder Säule auf »Herden« von Touristen, die ihre organisierte Reise in London, Paris oder Berlin gekauft hatten. Da liegen sie, die weltweiten Anfänge des Massentourismus.

In Europa hegt man schon lange den Traum von der Orientreise. Die Magie der Länder aus 1001 Nacht, die exotische Raffinesse der Lebensart, Sinnlichkeit, geheimnisvoll und hinter Schleiern angedeutet, und ein Klima, in dem man den strengen Winter vergisst und Krankheiten kuriert … Ägypten bietet zudem den Glanz seiner pharaonischen Vergangenheit, die romantische Aura der Ruinen und das nicht enden wollende majestätische Band seines sonnenbeschienenen Flusses. Von allen Ländern des Orients ist es dank Bonapartes Gelehrten und der Arbeit der Ägyptologen am bekanntesten und am besten einzuschätzen. Sein Name allein weckt tausend Bilder und ebenso viele Wünsche. Und die betuchten Touristen, die 1930 an der Riviera zwischen Marseille und Menton im Zug fahren, brauchen keine weiteren Erläuterungen, um die Einladung der Werbeslogans entlang der Bahnstrecke anzunehmen: *Visit Egypt*. Einige der Plakate, so berichtet Claude Aveline 1934 in seinem Buch *Promenade égyptienne,* fügen dem noch *for sunshine,* wieder andere *for romance* hinzu …

RECHTE SEITE • *Tea time* an Bord eines Cook-Dampfers auf Nilkreuzfahrt, 1930.

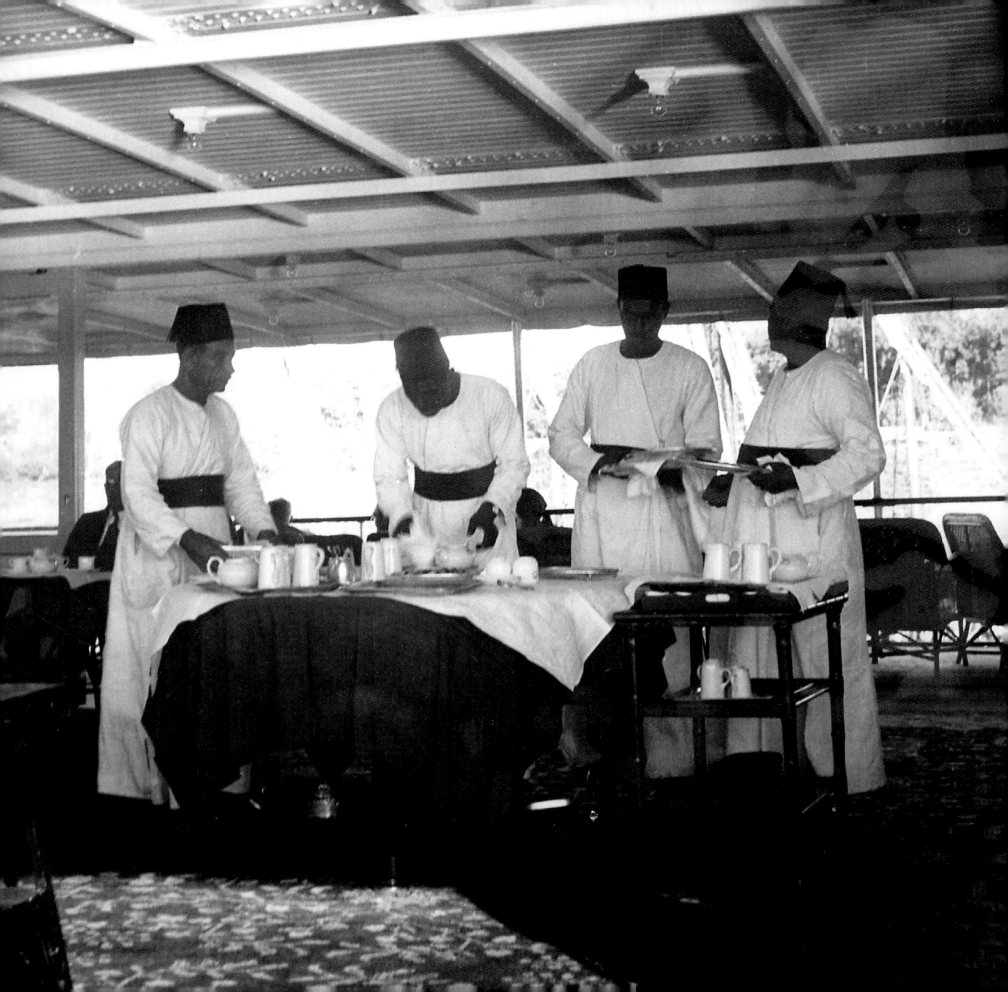

Die Überfahrt

Ägypten hat seine Zeit: bereist wird es nur von November bis März, wenn das Land in verschwenderischer Fülle milde Tage spendet. Und wäre jemand so dreist, diese Regel nicht zu beachten, würde er bei den meisten Hotels vor verschlossenen Türen stehen. Man überquert das Mittelmeer also im Winter, und oft erlebt man auf der viertägigen Überfahrt ab Marseille bei stürmischer See bereits sein erstes Abenteuer. Engländer vertrauen dabei auf die P. & O. *(Peninsular and Oriental),* Franzosen auf die Messageries Maritimes. Manchmal ist es jedoch umgekehrt wie zum Beispiel bei einem der besten Freunde Marcel Prousts, dem Schriftsteller Robert d'Humières, Übersetzer von Conrad und Kipling, der 1904 im *Mercure de France* unter dem Titel *Dans l'île et l'empire de Grande-Bretagne* den Bericht einer langen Reise veröffentlicht. In Marseille schifft er sich auf einem P. & O.-Dampfer ein: »Es mutet seltsam an, vom Hafen von Marseille unmittelbar auf englisches Territorium zu treten. Denn in der Tat führen wir hier fünf Tage lang ein Leben wie in England. An Deck sieht man, wie gefeierte Romanautoren in einer Art riesigem Käfig aus Netz mit jungen *subalterns* auf dem Weg nach Indien Kricket spielen, in korrekter und seelenloser Atmosphäre nimmt man die Mahlzeiten ein, und öffnet man sonntags das Klavier, missbilligen das die alten Damen. Und was den Flirt angeht, wird er von der weiblichen und unverheirateten Belegschaft des Schiffes mit genau jener Hartnäckigkeit und jenem Sinn fürs Praktische abgehandelt, die England zu seiner Größe geführt haben.« Ebenfalls an Bord bietet sich diesem homosexuellen adeligen Dandy, einer der Vorbilder für den Saint-Loup aus *Auf der Suche nach der verlorenen Zeit,* die Möglichkeit, »die bunt gemischte Welt mit ihren Mängeln und ihrem falschen Glanz« zu entdecken, die ihn wider seinen Willen begleitet und ihn seufzen lässt, dass »beim Menschen nichts das Bedürfnis zerstört, in der Herde zu leben«: »tuberkulöse Erzherzöge, zu gut gekleidete Epheben, Peersgattinnen mit Vergangenheit in der Music Hall, litauische Baroninnen und Buddhisten …«. Robert d'Humières sieht nur das, worüber er spotten kann.

Ungefähr zur gleichen Zeit geht ein ganz anders gearteter Reisender, ein gewisser H. R., der seinen Bericht *Cinq semaines en Égypte* 1903 anonym veröffentlicht, auf der *Ville de la Ciotat* der Messageries Maritimes an Bord. Trotz seines »instinktiven Misstrauens gegenüber Agenturreisen« vertraut er die Organisation seiner Ägypten-Odyssee der Agentur Lubin an. Sie sind zu siebzehnt und haben nichts Außergewöhnliches an sich: »Es sind Leute der Pariser Bourgeoisie, Kaufleute oder Privatiers, mit denen ich, denke ich, ganz gut auskommen werde. Unter den anderen Reisenden ein Fotograf …, zwei Jesuiten auf dem Weg nach Kairo; eine hübsche Blonde, eine Prinzessin, wie es heißt; ein junger Mann mit einem Patent für elektrischen Strom in der Tasche, der seine Erfindung dem Khediven zeigen will, und zu guter Letzt ein Häufchen Engländer und Engländerinnen.« Die Beschreibung des Dampfers liefert ein genaues Bild der Bedingungen einer Überfahrt zu Beginn des letzten Jahrhunderts: »Mit seinen 155 Metern Länge und einem Zehntel davon an Breite verbrennt er täglich 130 Tonnen Kohle. Es gibt vier Passagierklassen. Die vierte schläft vorne auf dem Deck inmitten von Hühner- und Hundekäfigen, den *Plätzen für Eingeborene* und den Kabinen des Fleischermeisters und des Bootsmanns. Das Ganze ist Grauen erregend schmutzig. In einer Ecke eine Hütte, das *Café arménien,* wo der Kaffee doch tatsächlich ziemlich gut ist. Dann der Salon der Offiziere und die dritte Klasse mit einfachen und sauberen Kabinen, jede mit vier Betten. Danach kommt die erste Klasse und hinten die zweite, die sich von der ersten nur durch den Luxus, das Gedeck, die Salons und dadurch unterscheidet, dass die Reisenden der ersten Klasse überall herumspazieren können, während sich jene der zweiten auf den hinteren Bereich beschränken müssen. Meine Kabine ist groß, eigentlich für zwei Personen eingerichtet, ich bin allein. Das Bett ist weiß und sauber; alles glänzt und ist freundlich, durch ein Bullauge fällt Licht herein. Das Schiff ist überwältigend, 7200 PS, Salons für Musik, Lektüre und Entspannung; zudem ein luxuriöser und weitläufiger Speisesaal; alles sehr angenehm.«

Zehn Jahre später scheint ein diesmal bekannter, ja hochgerühmter, weil seit 1907 mit dem Literaturnobelpreis ausgezeichneter Reisender mit dem Komfort nicht zufrieden zu sein. In den kleinen, oft traurig-witzigen Erzählungen über seine Ägyptenreise, die er 1913 regelmäßig an das *Nash's Magazine* schickt (und die später unter dem Titel *Egypte of the Magicians* zusammengefasst werden), berichtet Rudyard Kipling von seiner Überfahrt

Die Überfahrt

von Marseille nach Port Said. Er unternimmt sie nicht auf einem P. & O.-Dampfer für reiche Ägypten-»Ausflügler«, sondern auf einem Schiff für Beamte und Geschäftsleute aus Indien: »Alles an Bord, von der schlecht gebügelten Tischwäsche angefangen, den dicken Zahnputzgläsern für den Aperitif, der ungeordneten Anhäufung der Lebensmittel bei Tisch bis zu den Vorschriften an der Wand der gardinenlosen Kabine, in der es nicht einmal geeignete Tabletts für den Morgentee in den Kojen gab, alles auf dem P. & O.-Schiff war hinter seiner Zeit zurück.«

Der letzte Reisende, der die Eindrücke seiner Überfahrt veröffentlichte, der Schriftsteller Claude Aveline, besteigt zu Beginn der 1930er Jahre einen Dampfer, der den Namen *Mariette Pacha* zu Ehren des ersten Direktors des *Service des antiquités égyptiennes,* der ägyptischen Altertümerverwaltung, trägt. Der heute etwas in Vergessenheit geratene französische Autor steht zu jener Zeit auf dem Gipfel seines Ruhms und wird durch den überwältigenden Erfolg von *Der doppelte Tod des Frederic Belot,* einem in dreizehn Sprachen übersetzten Krimi, verehrt. Was ihn jedoch nicht daran hindert, nach Ägypten aufzubrechen, um dort »vor sich selbst zu fliehen und ein Mittel zu finden, der täglichen Routine zu entkommen«. Aveline, ein großzügiger und umsichtiger Charakter, Mann der Linken und Liebhaber des Kinos (er gründet später den Jean-Vigo-Preis), schrieb vor seinem Tod 1992 noch weitere Bücher. Sein Werk *Promenade égyptienne* wird 1934 veröffentlicht. Er beschreibt darin, wie die Matrosen die Gangway einziehen und die Leinen lösen, wie das Schiff zum ersten Mal aufstampft und sich das Herz beim Aufheulen der Sirene ein wenig zusammenzieht. Das Leben auf dem Dampfer scheint sich seit dreißig Jahren nicht wesentlich geändert zu haben. Nach wie vor gibt es vier Klassen, in den großen Schlafsälen der vierten drängen sich zweihundert Soldaten und Emigranten. Wie früher auch, versorgen sich letztere, die Hälfte von ihnen Muslime, bei einem *cafedji,* der an Deck einen kleinen Laden betreibt. In den Touristenklassen bieten sich die reizendsten Szenen: »Ausgestreckt auf Deck lesen zwei Jungvermählte nicht weit von mir von morgens bis abends Bücher über Ägypten und die Ägypter. Nicht das friedliche und grenzenlose Meer, noch der Flug der Möwen, das Spiel der Wolken, nichts lenkt sie davon ab. Sie wenden die Augen nicht von ihrer Lektüre ab ... Zum Glück ist der Ehemann wenigstens Linkshänder und kann so mit der rechten Hand die linke seiner Frau halten. Am Fuße ihrer Liegestühle zwei Bücherstapel. Jeden Abend sind sie um die Hälfte niedriger. Jeden Morgen haben sie ihre ursprüngliche Höhe wieder gefunden. Ich habe auch ein paar Ägyptenbücher mitgenommen. Aber ich werde sie erst *danach* lesen, wenn ich Bekanntschaft geschlossen habe ... Man muss in einem Land ankommen wie an der Schwelle zu einer unbekannten Legende ...«.

Einige Jahre später ist keinem Dampfschiff mehr das Glück beschieden, jemanden auf Hochzeitsreise zu führen. Der Krieg setzt sämtlichen Vergnügungsreisen ein jähes Ende. Danach werden die Schiffe bald durch Flugzeuge ersetzt. 1950 bringen die Messageries Maritimes nur mehr alle 25 Tage Passagiere nach Ägypten, während sie vor dem Krieg wöchentlich in See stachen. Der *Guide Bleu* rät »jenen Reisenden, die lange Meeresreisen scheuen, über den Luftweg nach Ägypten zu reisen, wodurch wertvolle Zeit gewonnen werden kann«. In Wirklichkeit allerdings nicht mehr als zwei Tage, denkt man an Jean Cocteau, der am 6. Mai 1949 abends in einer Constellation der *Air France* vom Flughafen Orly abfliegt und nach einigen Zwischenlandungen, darunter Damaskus, erst zweieinhalb Tage später am Flughafen von Heliopolis bei Kairo landet ... Wenig im Vergleich zu den ersten Fluglinien, die schon in den 1930er Jahren Europa mit Ägypten verbinden. Im April 1929 geht die »Mittelmeerverbindung« der englischen Gesellschaft *Imperial Airways* in Betrieb. Für die Tour bedarf es einer gewissen Lust am Neuen. Gestartet wird in London, zunächst geht es bis Paris, dann bis Basel. Danach wird der Passagier eingeladen, den Zug bis Genua zu nehmen. Dort erwartet ihn eine Short S 8 Calcutta, ein Wasserflugzeug für fünfzehn Passagiere mit der unvorstellbaren Reisegeschwindigkeit von 156 km/h. So gelangt er denn nach Alexandria, nicht ohne zuvor kurz den Charme von Rom, Neapel, Korfu, Athen, Suda Bay (Kreta) und Tobruk verspürt zu haben ... Die Reisedauer ist nicht festgelegt. *Imperial Airways* fliegt Ägypten bis knapp vor Ausbruch des Zweiten Weltkriegs an. Das Wasserflugzeug Short S 23, vor allem für den Postdienst eingesetzt, bringt zu jener Zeit seine siebzehn Passagiere in zwei Tagen von Southampton nach Alexandria – mit Zwischenlandung Marseille. Es wassert in den Häfen. Eine andere Route führt mit dem Wasserflugzeug nach Kairo, wo es vor dem Hotel Semiramis auf dem Nil aufsetzt und danach in Luxor vor dem Winter Palace.

Doch was wissen die Dampfschiff- und Wasserflugzeugtouristen in der ersten Hälfte des 20. Jahrhunderts über Ägypten, abgesehen von ihren Kenntnissen aus Büchern über die Pharaonen? Die meisten wahrschein-

---

SEITE 16 ▪ Königin Elisabeth von Belgien an Bord der *Esperia* auf der Reise nach Ägypten im März 1930 beim Shuffle-Board-Spielen, dem traditionellen Zeitvertreib auf Ozeandampfern.

RECHTE SEITE ▪ Der Hafen von Alexandria, 1954. »Touristen, die ihren Wagen mitnehmen wollen, können dies tun: die meisten Dampfschiffe haben dafür spezielle Garagen an Bord«, ist im *Guide Bleu* von 1950 zu lesen.

Die Überfahrt

lich fast nichts. Ihre Reiseführer *Guide Joanne* (der direkte Vorläufer des *Guide Bleu*) oder ihr *Baedeker* bereiten sie darauf vor, neben den Ruinen ein ziemlich lebendiges Volk anzutreffen, das seine direkten Vorfahren in der Antike hat: »Welchem Reisenden«, schreibt Georges Bénédite, der Autor des *Guide Joanne*, »ist nicht aufgefallen, dass die breiten und viereckigen Hände und Füße des Fellachen, die über schmalen Gelenken an den sehr muskulösen, wenn auch ein bisschen rundlichen Gliedmaßen sitzen, so typische Merkmale vieler antiker Statuen sind …« Zu diesem pharaonischen Äußeren kommt natürlich die orientalische Trägheit: »Der Ägypter ist vor allem ein Freizeitmensch; als Arbeiter oder beim Bestellen der Felder hat er Mühe, in Gang zu kommen. Der Stock, dem man so viele Wunder zuschreibt, zeigt auf seinem zähen Rücken wenig Wirkung. Als Händler verausgabt er sich nicht, um seine Waren zu verkaufen …; als Beamter oder Kommis überanstrengt er sich noch viel weniger und geht nur am Vormittag seinen Geschäften nach. Denn sobald eine Stunde am Nachmittag vergangen ist, steht das öffentliche Leben still.« Die Wirklichkeit räumt dann sehr schnell mit diesen Klischees auf. Die politische, soziale und wirtschaftliche Situation des Landes interessiert nur wenige. Und wie könnte man es ihnen vorwerfen? Eine Vergnügungsreise darf schließlich nicht mit einer politischen Erkundungsfahrt verwechselt werden. Wahrscheinlich wissen sie zumindest, dass Ägypten seit 1882 unter britischem Protektorat steht und de facto von einem englischen »Konsul« und dann von einem »Hohen Kommissar« regiert wird. Unter dem Druck der nationalistischen Wafd-Partei wird Ägypten 1922 eine relative Unabhängigkeit zugestanden, es dauert jedoch noch dreißig Jahre, bis die übermächtigen Engländer aus dem Niltal hinausgeworfen werden. Vielleicht haben die Schiffspassagiere von den nationalistischen Unruhen gehört, die noch immer in den Städten und auf dem Land grassieren. Fuad, Ägyptens Oberhaupt und seit der Unabhängigkeit »König«, setzt alles daran, den Druck der Wafd-Partei zurückzudrängen. Mehrmals wird das Parlament aufgelöst. Sein Sohn Faruk, der ihm 1936 nachfolgt und nur mit Vergnügungen – Frauen, Spielen, Jagen – beschäftigt ist, sollte niemals das Ausmaß der Unzufriedenheit seines Volkes verstehen: Es strebt nach der völligen Unabhängigkeit und macht die Unterwerfung unter Großbritannien für die größten Probleme verantwortlich: Armut der Bauern, Arbeitsmangel, Korruption … Von der großen Armut der Fellachen, deren Ausmaß kaum zu erahnen ist und die der dominierende Faktor im Ägypten jener Zeit bleibt, haben die Touristen nur eine vage Vorstellung. Ein anderer Freund von Proust, Jacques Boulenger, gebildeter Schriftsteller mit ausladend-eklektischem Stil und Autor von lehrreichen Studien über die Romane der Tafelrunde, über den Tango oder die Kampftiere, bringt die Ignoranz des Reisenden gegenüber dem Bauern, die jener des ägyptischen Bourgeois nahe kommt, wunderbar auf den Punkt: »Man weiß nichts [über den Fellachen]: über seine Traditionen, seine Folklore, seine ererbten Gefühle«, schreibt er im 1933 erschienenen Buch *Au fil du Nil*. »Er lebt vor unseren Augen genauso anonym, so voller Rätsel, um nicht zu sagen so stumm wie auf den Wänden der Tempel und Gräber.«

Alexandria ist in Sicht, und kein Mensch an Bord des Dampfers denkt an diese Armut hinter den Kulissen. Das also ist Ägypten, endlich. »Einem Reisenden, der Herr über seine Zeit ist und sein Programm selbst wählen kann, raten wir, nicht weniger als drei Monate lang zu bleiben«, schreibt der *Guide Bleu* noch 1950. Es ist das Ägypten der Tempel und Almehen, der Düfte und Sandwüsten, der Sonne und Liebeslieder, das am Horizont näher kommt. »Die Umrisse der Palmen und Schattenspiele heben sich mit ungeheurer Genauigkeit vom hellen Hintergrund des Sandes ab«, erzählt Claude Aveline. »Wer Afrika noch nie gesehen hat, beruhigt dieser erste Eindruck, enttäuscht fast, um ihn schließlich gefangen zu nehmen. Zu seiner Rechten ein Fort wie aus gestampfter Erde: die Quarantäne. Auf dieser Seite deutet nichts auf eine wichtige Stadt hin. Aber linker Hand, da ist er, der ganze Hafen, Schiffe, ein gewaltiges Durcheinander von Häusern, in tristes Grau gehüllt. *Sunshine?* Der Zahlmeister, ein Poet, zeigt mir einen Schornstein inmitten anderer Schornsteine und sagt: ›Das ist die Pompeius-Säule. Oder nein, die hier.‹ Eine Stunde später liegen wir auf der Reede.« »Nach vier oder fünf Tagen auf dem Meer«, erzählt wiederum Jacques Boulenger, »zieht die Erde die Menschen wie ein Magnet an: man meinte, dass das Schiff unter der Menge der Passagiere, die sich an die Reling drängten und zum Ufer hin beugten, kentern würde. Allerdings sieht man auf dem Quai wenige Europäer und an Bord wenige winkende Taschentücher; rundherum höre ich nur Leute, die sich mit einem Blick auf die Uhr fragen: ›Erreichen wir noch den Zug nach Kairo?‹ Kein Tourist bleibt jemals in Alexandria. Und dann, das Schiff öffnet weit seine Seite und mitten in den Bauch schiebt sich die Gangway, über die eine Flut von Kofferträgern wie ein kräftiger Wasserschwall hereingespült wird, die Gänge überschwemmt, die Treppen anfüllt und sich als Welle über das Deck ergießt … Es gibt zwei Möglichkeiten: entweder sich vor die Tür seiner Kabine zu stellen und diese zu verteidigen oder es einfach geschehen zu lassen und emotionslos zuzusehen, wie das eigene Gepäck in diesem bunten Treiben untergeht. Das Resultat ist das gleiche: stets findet man die Koffer auf wundersame Weise am Zoll wieder.«

Die Überfahrt

SEITE 20 ▪ Der Anlegeplatz von Port Said.
RECHTS ▪ Zwischen Marseille und Alexandria ist die erste Klasse der Dampfschiffe von Messageries Maritimes »ägyptisch«, so wie dieser Musiksalon auf der *Mariette Pacha* (Stapellauf 1925).
FOLGENDE DOPPELSEITE ▪ An Bord der *Esperia*, die als erstes Linienschiff der Adriatica Line die regelmäßige Verbindung nach Alexandria sicherstellte.

Die Überfahrt

OBEN ▪ Ein Salon der *Esperia*.
RECHTS ▪ Die »pharaonische« Ausstattung der *Champollion*, eines Dampfschiffes der Messageries Maritimes auf der Strecke Marseille–Alexandria–Port Said–Beirut. 1924 lief es vom Stapel, 1952 sank es vor Beirut.
FOLGENDE DOPPELSEITE ▪ Die *Caronia* der Cunard Line in Alexandria, 1921.

Die Überfahrt

OBEN ▪ Frühstück an Bord.

RECHTS ▪ 1937 in Southampton: Zwei Short-S-23-Wasserflugzeuge der *Imperial Airways* werden für den Abflug nach Marseille und Alexandria startklar gemacht.

ALEXANDRIA

KEIN TOURIST BLEIBT JEMALS IN ALEXANDRIA … 1872 HATTE THOMAS Cook ein für allemal das untouristische Schicksal dieser so faszinierenden Stadt in einem Brief an den *Stamford Mercury* besiegelt; darin urteilte er, sie sei nur »so etwas wie ein Konglomerat aus Orient und Europa, ohne besonderen Reiz«. Ungefähr dreißig Jahre später bestätigt Georges Bénédite im *Guide Joanne,* dass »auch wenn Alexandria für die Einwohner ein angenehmer Aufenthaltsort ist, daraus nicht folgt, dass es die Erwartungen der Reisenden erfüllt, die in Ägypten Besseres zu tun haben, als zu lange in dieser falschen europäischen Stadt zu verweilen.« Schon damals bleiben nur sehr wenige auch nur zwei Tage in dem Hafen, der auf Alexander den Großen zurückgeht. Vielleicht lassen sie sich von E. M. Forsters Stadtführer leiten, dem Autor von *Auf der Suche nach Indien,* der während des Ersten Weltkriegs in Alexandria als Rot-Kreuz-Offizier stationiert war. Sie besichtigen also die europäischen und arabischen Viertel, das graeco-römische Museum, das Fort Qait Bay, auf dem der Leuchtturm der Antike stand, die Pompeius-Säule und die Katakomben. Dann gehen sie zu den Stellen, an denen vermutlich das Grab Alexanders und die Bibliothek lagen, und spazieren durch den wunderbaren Antoniadis-Garten oder an dem von Villen und Parks gesäumten Mahmudiya-Kanal entlang.

Tatsächlich ist das damalige Alexandria wie ein schöner Traum für ewig eingemeißelt in den Erinnerungen und im Heimweh derer, die es bewohnten; mit seinem Duft nach Meer und Jasmin, so wie ihn Robert Solé in seinem *Tarbouche* beschreibt, ist dieses sinnliche Alexandria, an das sich Lawrence Durrell als die »große Kelter der Liebe« erinnert, schon deswegen keine »falsche europäische Stadt«, weil es überhaupt keine Stadt ist. Alexandria ist eine Art Insel. Weit weg von Europa, von dem es die Armen und Verfolgten aufnimmt, noch weiter von einem Ägypten, das von den Einwohnern Alexandrias schlichtweg ignoriert, als primitiv und unbewohnbar beurteilt wird, und dessen Sprache trotz ihrer Schönheit von einem Gutteil der Elite kaum verstanden wird … Alexandria liegt nicht in Ägypten, sondern gleicht einem Fremdkörper. Um das zu verstehen, muss man bis zu Mohamed Ali zurückgehen.

Mohamed Ali, albanischer Söldner und ab 1805 Pascha von Ägypten, öffnet Ägypten zur Welt und wirbt Wissenschaftler und Ingenieure an, um es zu modernisieren. Er fördert auch die Einwanderung ottomanischer, griechischer und syro-libanesischer »Schützlinge« (»Levantiner« genannt), die unter türkischer Herrschaft leiden und denen er Land schenkt. Viele lassen sich in Alexandria nieder, schnell wird es zum Gelobten Land. Und lange bleibt es das. Zu Beginn des 20. Jahrhunderts strömen massenweise mittellose Italiener herein, ebenso Armenier nach dem Völkermord und viele Juden. Gelobtes Land und bald schon Turm von Babel: In den 1920er und 1930er Jahren besteht ein Drittel der Bevölkerung Alexandrias aus Ausländern. Und es sind die Ausländer, die die Stadt regieren und sie zur Blüte bringen: Mitglieder des Stadtrates und die wichtigsten Geschäftsleute heißen Menasce, Colucci, Levi, Benachi, Aghion, Antoniadis, Averoff … Sie besitzen nicht die ägyptische Staatsbürgerschaft (die es im übrigen erst ab 1926 gibt) und bezeichnen sich als Griechen, Italiener, Engländer, Franzosen. Jede Gemeinschaft hat eigene Schulen, Spitäler, Gotteshäuser. Auch eigene Viertel. Und Eigenheiten: Die Italiener und die Griechen sind oft Kaufleute und Gastwirte, die Levantiner Angestellte in Büros oder Läden, die Armenier Schuster, Juweliere oder Fotografen, die Franzosen und Engländer Professoren, Bankiers, Baumwollindustrielle. Hochzeiten zwischen den Gemeinschaften sind nicht selten und manchmal kommt alles zusammen und vermischt sich, so wie bei Justine von Lawrence Durrell, »ein echtes Kind Alexandrias, dieser Stadt, die weder griechisch noch syrisch noch ägyptisch ist, sondern ein Bastard, ein Konglomerat«.

Auf dieser kosmopolitischen Insel, wo Ausländer bis 1937 grenzenlose Freiheit genießen (das System der *Capitulations* gewährt ihnen Steuerfreiheit, sie haben eigene Gerichte und sind nicht der allgemeinen Justiz unterworfen), entfaltet sich eine unbekümmerte, tolerante, für die eigenen Unterschiede offene, für die triste Lage der anderen jedoch völlig unzugängliche Gesellschaft. Bei den wohlhabenden Familien wohnt zwar der Grieche ohne Probleme neben dem Italiener, doch für die große Masse

LINKE SEITE ▪ Alexandria, 1920er Jahre: Zwischen der Corniche und dem Meer reiht sich über zwanzig Kilometer ein Strand an den anderen.

ALEXANDRIA

der armen muslimischen Ägypter hat man nur Verachtung übrig; bis zum Aufstieg des Faschismus kümmert man sich überhaupt nicht um die Krisen und Konflikte in der restlichen Welt. Das Klima ist mild, die Geschäfte laufen gut, die Freuden am Strand und in der Liebe bescheren unvergessliche Tage: So sieht es aus, das süße Leben, abgeschieden auf der Insel, der Zeit entrückt. Eine Insel, die nur die Betuchtesten im Sommer in Richtung französische oder italienische Riviera verlassen. Aber was für eine Insel! Seit Mohamed Ali beträchtlich entwickelt, erstreckt sie sich nun über mehr als 25 Kilometer Meeresrand. Abseits vom Stadtzentrum mit seiner pulsierenden Baumwollbörse, am Fuße der europäischen Viertel und entlang der Corniche, einer 1928 gebauten Uferstraße, reihen sich die Strände aneinander. Ihre Namen - Chatby, Stanley, Glymenopoulo, San Stefano – erinnern an das kosmopolitische Ambiente, und mit ihnen entstehen Restaurants, Tanzbars und Casinos. Unter Palmen und Pinien wechseln prachtvolle Villen – manche nach den Plänen der besten europäischen Architekten wie Auguste Perret – mit Gebäuden der Luxusklasse in teils äußerst gewagtem »italienisierenden« Neobarock. Modeboutiquen, Patisserien, Feinkostläden stehen jenen der großen europäischen Städte in nichts nach. Genausowenig, und das ist das Wesentliche, wie Schulen, Büchereien, Kinos und Theater: Das Feuerwerk von Alexandria, dem nicht mehr als ein Jahrhundert gegönnt ist, strahlt auch durch sein außerordentlich buntes Kulturleben.

OBEN ▪ 1929 eröffnet, war das Hotel Cecil mit seinen großen Bällen der alexandrinische Leuchtturm jener Zeit.

RECHTE SEITE ▪ Die Corniche auf der Höhe des Stadtzentrums. Der Mann auf dem Balkon ist zwar gewiss nicht Lawrence Durrell, aber der Autor des *Alexandria-Quartetts* wohnte während des Zweiten Weltkriegs in dieser Stadt.

ALEXANDRIA

Im englischsprachigen Victoria-College – der ältesten *public school* außerhalb Großbritanniens – und den französischsprachigen Collège Saint-Marc (der Frères des Ecoles chrétiennes) und Lycée français wird die Intelligenzia Alexandrias erzogen. Diese stürmt die Säle, um die weltbesten Musiker jener Zeit – Stars wie Arthur Rubinstein, Alfred Corto, Wanda Landowska – und die besten Theatertruppen zu bewundern. Die Comédie-Française tritt regelmäßig auf. 1907 gibt Sarah Bernhardt einen unvergesslichen Liederabend im Zizinia-Theater. 1930 spielt Cécile Sorel, die große französische Schauspielerin dieser Jahre, *L'Aventurière* von Émile Augier im Alhambra-Theater und *Der Menschenfeind* im Saal des Collège Saint-Marc. 1949 begleitet Jean Cocteau die Truppe von *Die Höllenmaschine,* mit ihm kommen Jean Marais, Gabrielle Dorziat und Yvonne de Bray. »Die Alexandriner können ihre Corniche nicht verlassen«, notiert er in *Maalesh,* dem Bericht dieser Reise. »Es gibt nur sie. Kein Hinterland. Keine Möglichkeit zu flüchten. Sie leben dicht gedrängt und erinnern an Passagiere auf einem Schiff, wo die Klassen nicht miteinander verkehren, wo von Kabine zu Kabine Tratsch, Klatsch und Händeleien blühen.« Aber neben diesem Eindruck des Eingesperrtseins ist er überrascht vom kulturellen Leben Alexandrias, »von der Intelligenz, der Eleganz, dem Anmut und der Kultur der hohen ägyptischen Persönlichkeiten, die [ihn] empfangen«. Und das Theater ist ausverkauft. »Dreitausend Leute wurden heimgeschickt!« Eine andere Leidenschaft der Alexandriner ist, wie es André Chamla in seinen berührenden Erinnerungen eines »jungen jüdischen Franzosen aus Alexandria im zweiten Viertel des 20. Jahrhunderts« bezeugt, das Kino: »Der Alexandriner war sehr cinephil. In der Stadt gab es ein Dutzend Kinos, eines davon, das Rio, mit einer zweiten Leinwand im Freien. Man konnte also einen Film unter dem wunderbaren Sternenhimmel der Stadt sehen. Die anderen Kinos waren das Rialto, das Lido und das Concordia, das Strand, das Ritz (das dann nach der Tochter von König Faruk in Férial umbenannt wurde), das Majestic, das Royal und das Mohamed Ali. Wenn ein Cousin und ich in das Rialto gingen, kauften wir uns in der Pause die köstlichen Schokoladesablés in der Schweizer Patisserie Flückiger.« Das kulturelle Leben beschränkt sich jedoch nicht auf die gesellschaftlichen Ereignisse im Theater oder die simplen Freuden eines Kinoabends. Nach Vorbild des 1924 gegründeten »Atelier« oder der »Argonauten« der 1930er Jahre entstehen vielfach Kunst- und Literaturvereine als Treffpunkt für Maler, Schriftsteller und Literaturkritiker. Eine Gesellschaft der Kunstfreunde lädt regelmäßig Persönlichkeiten aus der ganzen Welt zu Vorträgen ein. Meist finden sie in einem Saal des Lycée français statt, und immer sind sie ausverkauft. Das Publikum ist anspruchsvoll und manchen Gästen wird aufgrund der Nachlässigkeit, mit der sie die Aufgabe behandeln, ein eisiger Empfang beschert: so geschehen bei Jean Cocteau und dem Maler Van Dongen …

Griechen, Italiener, Juden mit sechzehn verschiedenen Nationalitäten, Armenier, Engländer, Deutsche (Rudolf Hess wurde hier geboren): Was verbindet sie, abgesehen von ihren Privilegien und der Kultur, die jeder im Griechenland Alexanders begründet sieht? Die französische

OBEN ▪ Der Suq Zanket el-Settat in dem damals »türkische Stadt« genannten Viertel. »Es ist ein malerisches Viertel und vor allem abends voll Charme und Beschaulichkeit. Am besten lernt man es kennen, wenn man einfach herumflaniert«, rät E. M. Forster in seinem 1922 erschienenen Stadtführer von Alexandria.

RECHTE SEITE ▪ Der Mohamed-Ali-Platz, der lange Zeit der »Platz der Konsuln« hieß. Bei den Aufständen und Bombardierungen der Stadt durch die Engländer im Juli 1882 geriet er stark unter Beschuss, ab 1900 wurde er großteils wieder aufgebaut.
Hier befanden sich die Gerichte, die anglikanische Markuskirche und die Börse.

Sprache. Während nur sehr wenige Arabisch verstehen, sprechen alle neben ihrer Muttersprache Französisch. In Alexandria und ebenso in Kairo, in ganz Ägypten beherrscht die Frankophonie die kosmopolitischen Kreise. Es ist die Sprache der Liebe, was soweit geht, dass, wie Robert Solé in *Le Tarbouche* betont, »ein ›Ich liebe dich‹ in Arabisch lächerlich, ja fast obszön geklungen hätte«. Zudem ist es jene Sprache, in der alle miteinander kommunizieren können, ohne in das Arabische, das in Alexandria unberechtigterweise gering geschätzt wird (mehrere muslimische, arabischsprachige Intellektuelle wandern deswegen sogar nach Kairo aus), oder - noch schlimmer - in das Englische, der Sprache des Okkupanten, wechseln zu müssen. In Ägypten ist man im bürgerlichen Milieu oft frankophon, weil man anglophob ist. Oder so wie Albert Cossery, einer der großen ägyptischen Romanciers des 20. Jahrhunderts, schlicht aus Liebe zur französischen Sprache und Kultur, die man bei den Jesuiten oder bei den Frères des écoles chrétiennes gelernt hat. Da hat dann die engstirnige Schlussfolgerung, die Maurice Barrès, besessen von der »Grandeur Frankreichs«, am Ende seiner Ägyptenreise im Dezember 1907 über diese Liebe zieht, wenig zu bedeuten: »Diejenigen, die die kleinen Ägypter erziehen, die Priester, die diesen Arabern, Syriern, Juden, Italienern, Griechen und Armeniern, kurz Tausenden von kleinen Orientalen in jeder Generation Französisch beibringen, sie sorgen für den Reichtum unserer Modehändler, Theaterleute und Kurbäder.«

Die Sprache der Liebe muss in einer Stadt, in der sich orientalische Sinnlichkeit mit europäischem Luxus vermischt, wo sich Vergnügungssucht und Inszenierung von Leidenschaften ganz natürlich zur Unbekümmertheit oder, anders gesagt, zur Eigenliebe gesellt, sehr hilfreich sein. Lawrence Durrell, der im Krieg als Direktor des British Information Office in der Stadt lebt, versucht, in seinem *Alexandria Quartett* dieses Kultivieren der Sinnesfreuden und die narzistische Hingabe an die Kräfte der Liebe wiederzugeben: »Das sexuelle Angebot ist verwirrend vielfältig. Niemand würde die Stadt je für einen glücklichen Ort halten. Die symbolischen Liebenden der freien hellenischen Welt sind durch etwas anderes ersetzt worden: durch etwas unmerklich Androgynes, Invertiertes. […] Ich entsinne mich, dass Nessim einmal sagte – ich glaube, er zitierte –, Alexandria sei die große Kelter der Liebe; die sich aus dieser Kelter ergössen, seien Kranke, Einsame, Propheten – ich meine all die in ihrem Geschlecht tief Verwundeten.« Und dann heißt es bei Durrell so schön: »Und dann im Herbst die trockene pulsende Luft, spröde von statischer Elektrizität; sie durchdringt die leichten Kleider, taucht den Körper in Glut. Das Fleisch erwacht und rüttelt an den Stäben seines Kerkers. Eine betrunkene Hure streift durch die nächtlich dunkle Straße und streut Fetzen eines Liedes wie zerpflückte Blüten um sich her.« Er beschreibt auch sehr anschaulich das Prostituiertenviertel Kombakir im Hafen, bevor es bei einer italienischen Bombardierung 1941 vollkommen zerstört wurde, mit seinen Gässchen, gesäumt von schlecht beleuchteten Läden, vor denen die Prostituierten aus aller Herren Länder auf ihren Hockern auf Kunden warten: »Und überall auf den dünnen braunen Wänden der Talisman des Landes – der Abdruck einer Hand mit gespreizten Fingern, der die Schrecken der Finsternis abwehren sollte, die draußen vor der erhellten Stadt lauerten. Als die Frauen mich sahen, riefen sie mir zu; nicht Menschengekreisch nach Geld war es, sondern taubensanftes Locken – ihre samtenen Stimmen hüllten die Straße in klösterliche Stille. Sie versprachen in ihrer eintönigen Abgeschiedenheit im gelbflackernden Licht nicht die Freuden ihres Geschlechts, sondern als wahre Einwohner Alexandrias das tiefe Vergessen der Geburt, hervorgegangen aus physischer Lust, die ohne Abscheu genossen wird.«

Ein alter Dichter tritt von Zeit zu Zeit in Durrells *Quartett* auf: Konstantinos Kavafis. Alexandria hat einige große Schriftsteller hervorgebracht, darunter Marinetti, Ungaretti, Fausta Cialente, Stratis Tsirkas und Edwar Al-Charrat, aber kein anderes Werk als die 154 griechischen Gedichte des kleinen Angestellten im Bewässerungsamt könnte eindringlicher das Wesen Alexandrias vermitteln. Kavafis, gestorben 1933 in seiner Wohnung in der Rue Lepsius, von der aus er gern dem Treiben in den Straßen seiner verehrten Stadt zusah, ist der Dichter des Tragisch-Vergänglichen, des Endes einer geliebten Welt. Wenn dieser gebildete Grieche die Vergänglichkeit der hellenistischen Kultur beschwört, spricht er in der Vorahnung ihres baldigen Untergangs über seine eigene Gemeinschaft. Wenn er, der die Schönheit und die unschuldige Sinnlichkeit junger Knaben liebt, die Hoffnung verliert, sie im Alter in der Erinnerung zu genießen, so verzehrt sich in ein paar Versen unter unseren Augen das Strohfeuer des vergnügungssüchtigen Alexandria. Mit ihrer klaren Sprache und dem Bemühen um das richtige Wort, modern im Stil, manchmal jedoch durch Stellung und Sitten ihres Autors mit einem kaum verborgenen Sinn angereichert, verlieren die gereimten und so musikalischen Gedichte von Kavafis leider sehr in der Übersetzung. Marguerite Yourcenar hat sich, wie andere auch, mit mehr oder weniger Glück an ihnen versucht …

An seinem Lebensabend kann Konstantinos Kavafis sehen, wie richtig seine Ahnungen gewesen waren. Einige Vorzeichen für das Ende der verrückten Alexandriner Jahre zeigen sich schon in den 1920er Jahren. Nach der »Unabhängigkeit« macht sich die Regierung sofort daran, die ausländischen Beamten durch echte Ägypter, Muslime oder Kopten, zu ersetzen. Einige der so Verdrängten beginnen, an die Abreise zu denken. Eine nächste Erschütterung für die Unbekümmertheit der Ausländer be-

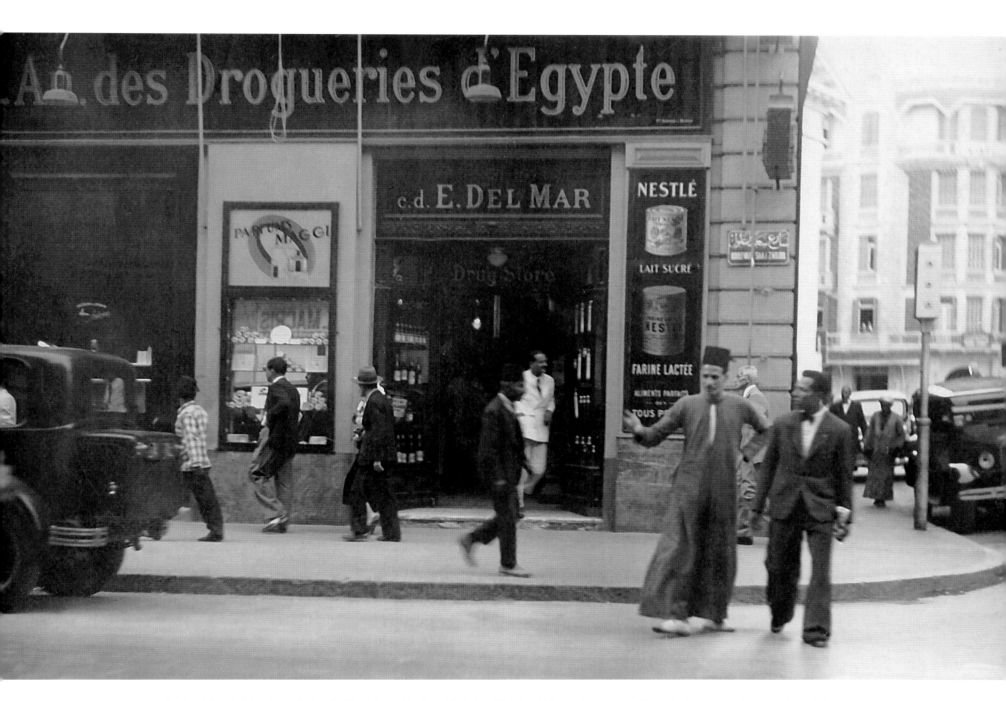

▪ Der Saad-Zaghloul-Boulevard in den 1940er Jahren. Vor französisch beschilderten Läden unter zweisprachigen Straßennamen sieht man den weichen Filzhut neben dem Tarbusch, prägt die Galabiya ebenso das Bild wie der westliche Dreiteiler. Ungefähr zehn Jahre noch ist Alexandria eine der kosmopolitischsten Städte der Welt. Lawrence Durrell zählt »fünf Rassen, fünf Sprachen, ein Dutzend Religionen«.

ALEXANDRIA

Das bis dahin Undenkbare tritt ein; es kommt zu Spannungen zwischen den Gemeinschaften: Aus antifaschistischen Gründen boykottieren viele Ausländer italienische Produkte oder Läden, während italienische Angestellte entlassen werden. 1937 handelt die Regierung der Wafd den Vertrag von Montreux aus, der die *Capitulations* für ungültig erklärt. Die Ausländer verlieren die meisten ihrer Privilegien, und die verstärkte Arabisierung des Beamtentums verdrängt sie von vielen Posten. Hätte der Krieg nicht die Abreise verhindert, wäre es wohl zu einer gewaltigen Emigrationswelle gekommen.

Während die Deutschen auf Ägypten heranrücken, erlebt Alexandria eine außergewöhnliche Zeit: kriegsbedingte Dynamik der Wirtschaft, vermischt mit einer Hochblüte des Unterhaltungslebens durch die Präsenz tausender urlaubender Soldaten der Alliierten, mit der Beklemmung bei jedem Vorrücken der Deutschen und der Angst vor italienischen oder deutschen Bombardierungen, ganz zu schweigen vom Unglück der italienischen Familien, deren Männer als feindliche Staatsbürger massenweise interniert, ja sogar nach Indien deportiert werden. 1942, zu einer Zeit, als der Ausgang der Schlacht von El-Alamein, hundert Kilometer von der Stadt entfernt, noch ungewiss ist, brechen Juden und Kommunisten zum Teil nach Palästina oder Kairo oder auch nach Oberägypten auf. Nach dem Sieg kehren sie bald wieder zurück und erleben mit den anderen noch für einige Jahre das letzte Aufflackern von Alexandria. Denn bald schon ist die Oase der Unbekümmertheit, die nur eine Art Verblendung vor dem Elend der Zeit schützte, Geschichte.

Die Juden, die selten in ihrer Vergangenheit so viel Freiheit und Wohlstand erlebt haben wie im Alexandria der Vorkriegszeit (man denke nur daran, dass Haim Nahoum, der letzte Großrabbiner von Ägypten, ein naher Berater von König Fuad und Senator des Königreichs war …), brechen nach der Gründung des Staates Israel und nach dem Krieg von 1948 als erste auf. Dann folgen viele Armenier Stalins Aufforderung, das sowjetische Armenien zu besiedeln. Die Revolution von 1952, Nassers Verstaatlichungen, die Schließung der Börse und die Suezkanalkrise von 1956, die den Hinauswurf von mehr als 20000 Briten, Franzosen und Juden mit sich bringt, geben Alexandria schließlich dem ägyptischen Ägypten zurück. Die Stadt wird, Durrells Worte zitierend, zur »Hauptstadt der Erinnerung«.

deutet der immer stärker werdende Druck, den die Regierung Italiens auf die italienische Gemeinde ausübt: Von nun an müssen zum Beispiel die italienischen Kinder – bis dahin gewohnt, französische Schulen zu besuchen – unter der Androhung, ihre Staatsbürgerschaft zu verlieren, in die italienische Schule gehen, in der das hehre Wort des Duce gelehrt wird.

LINKE SEITE ■ Einige jener Gärten und Villen, wie sie den Mahmudiya-Kanal, der 1820 als Verbindung von Alexandria zum Nil gebaut wurde, säumten.

OBEN ■ Konstantinos Kavafis (1863–1933), der große griechische Dichter von Alexandria; sein Werk vermittelt die Quintessenz des verlorengegangenen Wesens der Stadt.

Alexandria

VORHERGEHENDE DOPPELSEITE ▪ Auf dem Ramla-Boulevard (der spätere Saad-Zaghloul-Boulevard): eine der vielen Buchhandlungen der Stadt, im Bild jene von Spiros N. Grivas; er war zu Beginn des 20. Jahrhunderts auch einer der bedeutendsten Postkartenverleger Alexandriens.
RECHTE SEITE ▪ Zwei englische Matrosen 1936 in Alexandria in den Ruinen des Serapis-Tempels. Die Pompeius-Säule, ein dreißig Meter hoher, im 3. Jahrhundert Kaiser Diokletian gewidmeter Monolith, war lange Zeit Orientierungspunkt für die Seefahrer.

45

LINKS ▪ Der Mahmudiya-Kanal war beliebt für Spaziergänge. »Der Mahmudiya war noch so ein Zauber meiner Kindheit. Am Wasser gab es ein Dickicht aus Schilfrohr voll von Fröschen und oben an der Straße große Bäume: die *ghemmez,* Sykomoren, Pharaonenfeigen, Maulbeerfeiger, wie Sie wollen … Diese schattige, duftende Straße säumten auf der anderen Seite riesige Gärten.«
(Giuseppe Ungaretti, *Carnet égyptien*)

OBEN ▪ Der Ras et-Tin Palast, die Sommerresidenz der ägyptischen Herrscher, in den 1820er Jahren von Mohamed Ali westlich der Stadt erbaut. Hier dankte König Faruk am 23. Juli 1952 ab und begab sich auf seiner Yacht *Mahrussa* ins Exil. Das Foto stammt, wie einige andere in diesem Buch, von den Zangaki-Brüdern, griechischen Fotografen, die um 1900 in Ägypten lebten und arbeiteten.

Alexandria

OBEN ▪ Erst ab den 1920er Jahren entwickelte sich Alexandria zur Touristenstadt und zum sommerlichen Seebad der Kairiner Bourgeoisie. Damit einher ging die Verbreitung von Segelsport und Meeresausflügen.
RECHTS ▪ Die Bucht von Abukir, wo Napoleons Flotte 1798 von Nelson vernichtend geschlagen wurde, und der Anlegeplatz zur Insel Nelson, ungefähr zwanzig Kilometer östlich der Stadt.

49

KAIRO

Vor langer Zeit in einer anderen Welt kam Flaubert über den Nil nach Kairo. Abhängig von den Launen des Windes dauerte die Schiffsreise drei bis fünf Tage. Sechs Jahre später, 1855, eröffnete man die erste Eisenbahnstrecke des Orients von Alexandria nach Kairo. Im Jahr 1900 fuhren hier täglich sieben Züge, darunter zwei Schnellzüge in dreieinhalb Stunden. Die bequemen Waggons wurden nur von den Amerikanern beanstandet: »Der Zug, der uns nach Kairo brachte, […] war für einige Einwohner der Vereinigten Staaten eine wahre Qual«, erzählt Kipling. »Sie waren den Pullmanwagen gewöhnt und fühlten sich in den Waggons mit den Gängen an der Seite und den geschlossenen Abteilen höchst unwohl.« Auf dieser ersten Fahrt auf festem Boden quer durch das Deltagebiet sieht man die ersten Bilder der ägyptischen Landschaft. Maurice Barrès, noch immer vernebelt von seinem geliebten Heimatland, beschreibt sie wie »eine große Camargue, eine französische Landschaft mit hie und da Szenen à la ›Die Flucht nach Ägypten‹, Jungfrau mit Kind auf dem Esel und der heilige Josef, das Vieh antreibend. Einige Büffel, schwarze Schafe auf schwarzer Erde. Die fruchtbarste der Welt im übrigen, dreimal so teuer wie unsere besten Höfe in der Beauce.« In *Le Sphinx sans visage, notes d'un voyage en Égypte* (1933 beendet) gibt sich der Schriftsteller Henry Bordeaux, der vor dem Krieg für seine, die Tugenden der traditionellen bürgerlichen Moral hervorkehrenden Romane sehr berühmt war, noch exotischer: »Nichts ist unterhaltsamer als zwischen Alexandria und Kairo durch das Waggonfenster den Pfad entlang der Nilkanäle zu beobachten. Das Schauspiel hat sich wohl seit Jahrhunderten nicht geändert. Noch immer sieht man den langen Zug von kleinen, wendigen Eseln, fügsam und ergeben, mit Bündeln, größer als sie selbst oder mit dicken Gevattern beladen, die rittlings auf ihrem Rücken sitzen und mit ihren Turbanen noch größer wirken, sodass man sich wundert, dass das Tier unter ihrem Gewicht nicht in die Knie geht; dann wieder feierliche Kamele, deren Philosophenkopf wie bei Schwänen hin- und herschwankt; magere, schwarze Büffel; dunkle, halbverschleierte Frauen; halbnackte Kinder – unzählige Nomadengruppen von diesem Orient, der immer unterwegs ist und trotzdem nicht vorankommt, weitergeht, um sich im gleichen unwandelbaren Zustand wieder eine neue Stelle zu suchen.«

Für jeden Reisenden ist Kairo das Tor zum Orient, und jeder bleibt einige Tage in der Stadt. Gewiss, man möchte gleich die Pyramiden besichtigen, deren blasse Triangeln man vom Zug aus in der Ferne erkennen kann. Und Kairo, von dem man so viel geträumt hat, die Stadt der tausend Minarette, der engen, schattigen Gassen, wo die sinnlichen Geheimnisse hinter Schleier gleiten, die Stadt der Märkte mit ihren unbekannten Düften. So sind die meisten beunruhigt, wenn sie die ersten Bilder der Stadt sehen, auf dem Weg vom Bahnhof zum Hotel; wenn sie, wie Kipling schreibt, »durch Viertel kommen, die den Vorstädten von Marseille oder Rom gleichen« oder, wie Barrès meint, durch »eine europäische Stadt ungefähr so wie Nizza«. In der Tat entdecken Barrès 1907 und Kipling 1913 ein neues Kairo, jenes, das unter der Herrschaft des Khediven Ismail – Mohamed Alis Enkel – ab 1870 gebaut wurde. Zwischen Nil und alter Stadt entstand ein ganzes Viertel, das nach den europäischen Regeln der Kunst erbaut und architektonisch mit einer Prise italisierendem Barock gewürzt wurde. Entlang der breiten Avenuen, die sternförmig von runden Plätzen abgehen, liegen die »eleganten« Läden, frequentiert vor allem von der verwestlichten Elite und von vielen Ausländern. In den Stadtführern heißt das dann die »moderne Stadt« oder das »europäische Viertel«. Georges Bénédite lässt bei der Beschreibung von dem, was man vorfindet, ein wenig Geringschätzung durchklingen: »Hotels und Läden, deren grelle Dekoration zu diesen Geschäften mit unnützem Plunder und falschem Luxus, so wie man sie in den Krämerläden von Kurstädten findet, passt.« Alles wirkt auf den Reisenden ein wenig falsch. Die Stadtverwaltung scheint unfähig, das Viertel, das von Europa kommend mitten im Orient gelandet ist, nach westlichen Standards zu erhalten. Kipling, der als guter Tourist nur das »Authentische« schätzt, beklagt: »Das moderne Kairo sieht heruntergekommen aus. Die Straßen sind schmutzig und schlecht gebaut, die Bürgersteige niemals gefegt und oft kaputt, die Straßenbahnschienen öfters auf den Boden gelegt als dort verlegt, die Rinnsteine ungepflegt. In einer Stadt, in der der Tourist jedes Jahr viel Geld zurücklässt, erwartet man sich Besseres. Selbstverständlich ist er nur ein Hund, aber immerhin kommt er mit dem Knochen im Maul, einem Knochen, den sich ziemlich viele Leute teilen. Er hat wirklich ein sauberes Plätzchen verdient.«

KAIRO

52

SEITE 50 ▪ Ein Bild aus vergangener Zeit: Nil-Hochwasser in Gizeh.
RECHTS ▪ Der Zentralbahnhof von Kairo in den 1940er Jahren.

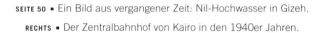

Kairo

- Die Corniche entlang des Nils im Zentrum von Kairo, um 1950. Zu jener Zeit hatte die Stadt ungefähr zwei Millionen Einwohner, ein Siebtel oder Achtel von heute.

Kairo

OBEN UND RECHTS ▪ Sarwat-Straße und Falaki–Platz
im Stadtteil Bab el-Luk im Stadtzentrum.

Kairo

OBEN UND RECHTE SEITE ■ Kairos neuralgischer Punkt, der Midan Sulaiman im Zentrum der modernen Stadt. Nach der Revolution von 1952 ersetzte man die Statue dieses Generals Mohamed Alis – eines Franzosen namens de Sèves – durch jene des nationalistischen Bankiers Talaat Harb und benannte den Platz nach ihm.

KAIRO

RECHTS ▪ Die Straßenbahn der Linie 15 im Jahr 1936. Zu jener Zeit gibt es
22 Tramway-Linien in der Stadt, die von einer belgischen Gesellschaft betrieben werden.
Sie transportieren täglich ungefähr 250000 Fahrgäste unter mehr
oder weniger angenehmen Bedingungen.
FOLGENDE DOPPELSEITE ▪ Die Grand Brasserie du Nil im Stadtzentrum, 1920er Jahre.

■ Im Manial-Palast auf der Insel Roda. Zwischen 1901 und 1929 mit der Absicht gebaut, die islamische Kunst und Architektur wiederzubeleben, war dieser Palast mit seinem wunderbaren botanischen Garten die Residenz von Prinz Mohamed Ali, eines Neffen von König Fuad.

KAIRO

• Gesamtansicht der Altstadt von Kairo,
Fotografie der Zangaki-Brüder, um 1900.

KAIRO

■ Die Kasr el-Nil-Brücke (hier um 1900) wurde 1869 von dem
Franzosen Linant de Bellefonds, Minister für Bauwesen und Verkehr
unter Khedive Ismail, errichtet, um das Stadtufer von Kairo
mit der Gezira-Insel zu verbinden. Bei ihrer Fertigstellung 1871 war
sie die erste Brücke über den Nil. 1932 wurde sie durch eine
doppelt so große Konstruktion ersetzt.

▪ Die Zitadelle von Kairo, hier um 1900, ist Teil des touristischen Pflichtprogramms: »Die Hauptattraktion ist das gewaltige Panorama von der oberen Esplanade; bei der hoch gelegenen Terrasse mit den Kanonen bietet sich eine beeindruckende Aussicht. Ganz vorne die Moscheen, von denen die Sultan Hassan-Moschee am meisten ins Auge springt, dahinter die riesige Stadt, gespickt mit Minaretten. Jenseits der Häuser im europäischen Stil und der üppigen Gärten des Ismailija-Viertels, die den Nil verdecken, erhebt sich der Ort Gizeh; noch weiter in der Ferne dann die Pyramiden von Gizeh, Abusir und Saqqara.« (*Guide Joanne,* 1900)

LINKE SEITE ▪ Kairo mit den Pyramiden von Gizeh in der Ferne; Blick von der Zitadelle, um 1950.
OBEN ▪ Straße im alten Kairo in der Nähe der Ibn-Tulun-Moschee zu Beginn des 20. Jahrhunderts.

KAIRO

OBEN ▪ Der Khan-Khalili-Basar, auf dem sich seit mehr als einem Jahrhundert die Touristen drängen.
RECHTE SEITE ▪ Bab el-Futuh (»Tor der Eroberungen«), das Nordtor des Fatimidengebietes,
unter dessen Schutz Kairo stand (Ende des 11. Jahrhunderts).

• Straße in Heliopolis, einem Villenvorort, zehn Kilometer vom Zentrum von Kairo entfernt, der ab 1905 auf Initiative des belgischen Bankiers Baron Édouard Empain gebaut wurde. Durch das Nebeneinander unterschiedlichster Architekturstile ist er für Städteplaner noch immer ein interessantes Studienobjekt.

KAIRO

■ Der Rond-Point Suares (heute Mustafa-Kemal-Platz), einer
der sternförmigen Plätze im Zentrum. Auf dieser Fotografie aus den
1930er Jahren lässt sich die Buchhandlung Hatier und der Eingang zum Studio
Armand erkennen: Das Pseudonym steht für Armenak Arzruni, einen
großen Studiofotografen aus Kairo mit armenischen Wurzeln.

■ 1928: Blick von der Veranda des eleganten
Shepheard's Hotels auf die belebte Ibrahim-Pascha-Straße,
wo sich Ägypter und Touristen drängen. »Es war das charmanteste
Hotel des Mittleren Ostens. 1841 von einem Engländer erbaut,
ein halbes Jahrhundert später vergrößert und mit
elektrischem Licht versorgt, befand sich das Shepheard's
in dem Palast, in dem Bonaparte einst sein Hauptquartier
untergebracht hatte […]. Auf der Straßenseite bewachten zwei
einem Tempel in Memphis entliehene Sphingen die berühmte
Hotelterrasse. Es war ein außergewöhnlicher Beobachtungs-
posten. […] Unter der Terrasse lagerte fortwährend eine
kleine Ansammlung von Leuten: Kutscher, Dragomane,
Affenführer, Bettler aller Art. […] Von Zeit zu Zeit glitt
eine chromblitzende Limousine den Bürgersteig entlang,
und dienstbeflissene Pagen stürzten herbei, um irgendeinem Pascha
den Wagenschlag zu öffnen …« (Robert Solé, *Le Tarbouche*)

KAIRO

In seinem Hotel angekommen, verbringt der Tourist dort seine erste Nacht in Ägypten. Alles ist gerichtet, damit ihn kein Heimweh überkommt. Hier werden die Regeln peinlich genau befolgt und in den vielen gehobenen Unterkünften untersteht dem Direktor, den Oberkellnern und den Etagenleitern eine Heerschar von untadeligen Nubiern in makellosen Galabiyen. Auf dem Platz der Esbekiya dominieren das riesige Grand Continental und noch mehr das sehr britische Shepheard's, in dem seit der Gründung 1841 bereits die gesamte internationale Highsociety verkehrt ist. Man schätzt es wegen seiner leicht erhöhten, zur Straße hin gelegenen Terrasse, von der aus man bequem das Leben der Einwohner beobachten kann, aber auch wegen seines großen Gartens mit Bäumen und lebenden Antilopen. Es herrscht eine Five-o'clock-tea-Atmosphäre, die für einen echten *frenchie* wie Jacques Boulenger unerträglich ist: »Es gibt immer zwei oder drei Misses, die die Orange, die sie aus dem Speisesaal mitgenommen haben, auf ihre, in weiches Leder gebundene Keats-Ausgabe legen … Am liebsten würde man hinausgehen, seinen Smoking ausziehen und im Jackett wiederkommen, lauthals lachen und – was weiß ich – das Brot eintunken, kurz, irgendeinen Skandal machen, um ein bisschen Spaß zu haben.« Das Hotel, zu einem der verabscheuten Symbole englischer Präsenz geworden, sollte später während der Unruhen von 1952 in Flammen aufgehen. Zehn Kilometer von ihm entfernt, am Fuß der Pyramiden-Hochebene liegt eine andere Hotelinstitution Kairos: das Mena House. Im Stil etwas ländlicher, verwöhnt es am Rand der Wüste mit raffiniertem Luxus und bietet von den Zimmern und dem Restaurant mit Terrasse eine unverbaubare Aussicht auf eines der sieben Weltwunder. Auch wenn es in späteren Jahren neben den Bausünden, die mit der Zeit in seiner Nachbarschaft entstanden sind, noch relativ elegant wirken sollte, erscheint es Pierre Loti 1907 in der grandiosen antiken Umgebung vollkommen fehl am Platz. Als Sympathisant der ägyptischen Nationalisten, auf deren Einladung er gekommen war, muss natürlich auch Loti die dort residierenden englischen Fräuleins kräftig aufs Korn nehmen. »Und dort, hinter der Cheops-Pyramide, wurde ein riesiges Hotel hingesetzt, in dem es vor Snobs und eleganten Damen mit üppigem Federschmuck wie Rothäute beim Tanz um den Skalp, vor Kranken auf der Suche nach reiner Luft, jungen schwindsüchtigen oder alten, schlicht ein wenig vertrottelten Engländerinnen, die ihre Rheumabeschwerden im trockenen Wind auskurieren, nur so wimmelt.«

■ Das Entree des Shepheard's, um 1920.

Kairo

OBEN UND RECHTE SEITE ▪ Die große Halle des Shepheard's, um 1920.

■ Der Hotelgarten. Das Hotel hatte 350 Zimmer, 120 davon mit Bad, und war von 1. November bis 15. Mai geöffnet. Im Januar 1952 wurde es durch einen Brand vollkommen zerstört, den Rebellen bei antibritischen Demonstrationen kurz vor der Revolution gelegt hatten. Vier Jahre später wurde ein modernes Luxushotel gleichen Namens an der Corniche am Nil gebaut.

KAIRO

VORHERGEHENDE DOPPELSEITE ▪ Eine Halle im Mena House Hotel. Acht Kilometer vom belebten Kairiner Zentrum entfernt am Fuße der Pyramiden gelegen, wurde die ehemalige Jagdresidenz des Khediven Ismail kurz nach 1900 in ein Luxushotel umgewandelt. Seinen betuchten Kunden bietet es die Magie der Wüste gleichermaßen wie die Faszination der Geschichte. Als erstes »modernes« Gebäude, unweit der Cheops-Pyramide, schockierte es zu Beginn des 20. Jahrhunderts jedoch die Liebhaber beider.
RECHTE SEITE ▪ Ein Balkon des Mena House. »Wir nahmen das Gabelfrühstück bei den Pyramiden ein, auf der Terrasse des Mena House. Der Himmel war noch nicht bedeckt. Die Sonne gleißte. Die Vögel sangen. Cheops sah aus wie ein riesiger Kuchen aus einer Sandkuchenform.« (Jean Cocteau, *Maalesh*)

KAIRO

OBEN ▪ Mehr als ein halbes Jahrhundert lang, bevor gewöhnlichere Touristen ihren Platz einnahmen, genossen Stars, gekrönte Häupter, angesehene Künstler und Milliardäre jeglicher Art, sobald der Winter kam, die nach Jasmin duftenden Gärten des Mena House.
RECHTE SEITE ▪ Barbara Hutton, die reiche amerikanische Erbin der Woolworth-Kette, 1939.

93

KAIRO

■ Ein Gang im Hotel Cosmopolitan im Zentrum von Kairo. Es wurde von einem italienischen Architekten für den Schweizer Hotelier und Bauherrn Charles Albert Baehler gebaut und 1928 eingeweiht. Damals hieß es »Metropolitan«.

KAIRO

■ Der Gezira-Palast auf der gleichnamigen Insel wurde von dem
Khediven Ismail eigens für den Empfang der Kaiserin Eugénie anlässlich
der Einweihung des Suezkanals 1869 erbaut. Mithilfe von europäischen Architekten,
die die kaiserlichen Gemächer der Tuillerien imitieren und mit einem
Schuss Orient würzen sollten, dauerte es fünf Jahre, um das
prachtvolle Schloss fertigzustellen. 1880 wurde der Palast verkauft,
in ein Hotel umgewandelt und Gezira-Palace getauft. Ungefähr dreißig Jahre lang
erfreute es betuchte Touristen. 1908 kaufte es Prinz Michel Lutfallah und
machte daraus seine private Residenz. Nach der Revolution von 1952
konfisziert, wurde es wieder zum Hotel. In den 1970er Jahren kaufte
es die Marriott-Hotelkette, die es detailgetreu restaurierte,
rundherum allerdings hässliche Neubauten setzte.

▪ Der ursprüngliche Garten des Gezira–Palasts, nach Plänen des französischen
Landschaftsarchitekten Barrillet-Deschamps angelegt, bedeckte fast die ganze Insel.
Der Pferderennplatz und die Fischgrotte wurden später abgetrennt, und auf
einem großen Teil entstand der sehr schicke Gezira Sporting Club,
der bis in die 1940er Jahre ausschließlich den britischen Einwohnern offen stand.
Das Hotel behielt allerdings einige Rasenflächen, Waldstücke
und Teiche für die eigene Klientel.

KAIRO

OBEN UND RECHTE SEITE • Bei seiner Eröffnung 1910 wurde das von Baron Empain gegründete Heliopolis Palace Hotel mit seiner 55 Meter hohen Halle, im eleganten Vorort gelegen, als das luxuriöseste Hotel Afrikas gefeiert. Heute ist es der Präsidentenpalast.

In den ersten Jahrzehnten des 20. Jahrhunderts fährt man zu den Pyramiden in der Kutsche, in der Tramway oder im Auto auf der schönen, geraden Straße, die, von Akazien gesäumt, über acht Kilometer durch das Land von Gizeh führt. Sie war 1868 nur für die Gäste gebaut worden, die zur Einweihung des Suezkanals geladen waren. Vorher und zur Zeit des Hochwassers erreichte man die Pyramiden per Boot. In der Touristensaison drängt man sich nun zu hunderten zwischen den Denkmälern, oft für das unvermeidliche Foto auf dem Rücken eines Kamels. Sportsleute lassen sich den Aufstieg auf die Cheops-Pyramide, dem großen Klassiker für Bergfexe, die Hirnlastigeren eine Meditation Auge in Auge mit dem Sphinx, dem ewigen Rätsel, nicht entgehen. Heute erscheint das lächerliche Schauspiel der Touristenherden ganz natürlich. Zu Beginn des 20. Jahrhunderts empört das gleiche Spektakel, dessen Szenen sich nicht wesentlich geändert haben, die Anhänger von Wüste und antiken Denkmälern. Louis Bertrand, ein sehr reaktionärer, der extremen Rechten nahe stehender Romanschriftsteller und Nachfolger von Maurice Barrès an der Académie française, bereist Ägypten am Anfang des Jahrhunderts. Zwischen 1908 und 1923 sollte er über diese Reise mehrere Berichte publizieren. Im 1911 erschienenen *Le livre de la Méditerranée* wettert er mit der Verve der alten Polemiker gegen den »Tumult« bei den Pyramiden: »Dicke Damen mit hin- und herschwankendem Busen zwischen den Höckern ihres Kamels, grölende Sängerinnen verrenkt in Sultansposen unter scharlachroten Sonnenschirmen, hagere Pfarrer, die von ihren Reittieren wie in zwei Teile geschnitten wirken und deren Beine so lang sind, dass man meint, sie würden eigenständig nebenher gehen, beleibte, von ungestümen Eseln im Galopp davongetragene Papas […] Die Karawane bleibt vor der Cheops-Pyramide stehen. Und alsbald stürzen zehn Fotografen aus einer Hütte, belagern Sie, und überhäufen Sie mit ihren schmeichelhaftesten Abzügen. […] Entsetzlich! Sie entkommen ihnen und flüchten in Richtung Sphinx, hinter Ihnen die Eseltreiber, die mit festen Knüppelschlägen das Hinterteil Ihres Reittiers bearbeiten … Aber es geht weiter: Diesmal sind es die Souvenirverkäufer, die Sie belagern, die Trödler mit ihren falschen Antiquitäten. Und anstatt mit der wunderschönen Wüstenlandschaft muss man sich mit Ramsch-Skarabäen und Schund-Osirisstatuen beschäftigen, die von Italienern dutzendweise produziert werden. Unterdessen brüllen Ihnen die Führer ihre Geschichten ins Ohr. Der eine will mit Ihnen auf die Pyramide klettern, der andere will Sie in die Gräber begleiten. Man ist verblüfft, betäubt, vom Ansturm

LINKE SEITE ▪ Die berühmte russische Tänzerin Anna Pawlowa während einer Tournee im September 1923.

OBEN ▪ Im März 1949 begleitete Jean Cocteau die Schauspieler von *Die Höllenmaschine* nach Alexandria und Kairo. Von dieser Reise brachte er – abgesehen von dem Souvenir eines sentimentalen Flirts mit einem jungen ägyptischen Prinzen – den Reisebericht *Maalesh* mit, der die Behörden empörte und im Land verboten wurde.

überwältigt. Unmöglich, einen klaren Gedanken zu fassen, nur eine Minute lang mit den Augen auf einem außergewöhnlichen architektonischen Detail oder dieser wunderbaren Färbung zu verweilen, die da hinten beim libyschen Gebirge immer matter und bald ganz verschwunden sein wird …«. Louis Bertrand gibt dem Drängen, die Ostseite der Cheops-Pyramide hinaufzuklettern, nicht nach. Der Aufstieg dauert etwas mehr als eine Viertelstunde und wird mit Hilfe von »Führern« absolviert, die die Damen im Kleid und die Herren im Dreiteiler hinaufziehen, -schubsen und -zerren. Danach ist es üblich, sich über gewisse Dreistigkeiten der Beduinen zu beklagen: »Meine drei Führer«, erzählt H. R. beleidigt, »behandelten mich mit größter Aufmerksamkeit, sogar mit etwas zu großer, denn ich musste dem dritten verbieten, mich so zu schubsen, wie er es tat …« Denjenigen, die diesen Wirbel nicht aushalten, empfehlen die Reiseführer, die Pyramiden in der Nacht zu besichtigen, am besten bei Mondschein. Es gibt sogar eine »Mondschein-Straßenbahn«, die um zehn Uhr abends an der Kasr el-Nil Brücke abfährt. Im blassen Licht des Mondes scheint die unwandelbare Größe der bei Tag entweihten Monumente wieder hergestellt. »Mitten am Tag gibt es, das muss man sagen, ihre große Sphinx nicht mehr«, erzählt Pierre Loti. »Aber so wie alle Geister wird sie von der Nacht zum Leben erweckt und vom Mond verzaubert.« Enttäuscht von Kairos modernen Vierteln, entsetzt über das Spektakel bei den Pyramiden, können die Reisenden nun endlich in die authentischere Welt der echten arabischen Stadt eintauchen, um einen Geschmack vom Orient zu bekommen. Damit sie nicht wieder eine Enttäuschung erleiden, bereitet der *Guide Joanne* sie auf das Schlimmste vor: »Die wunderbare Kulisse der Stadt mit ihren reichen und prachtvollen Moscheen, ihren eleganten Reinigungsbrunnen, ihren orientalisch gebauten Häusern, deren Vorsprünge in den Straßen ganz ungewöhnliche Perspektiven erzeugen. Dieses malerische Bild, das von oben von der Zitadelle betrachtet oder bei der hartnäckigen Suche nach einem Detail auf einem Foto, d. h. ohne die in der Realität mit ihm einhergehenden Unannehmlichkeiten, sehr ergreifend ist, verliert vor Ort in den Augen mancher Touristen, die jene Sauberkeit und Bequemlichkeit vermissen, auf die sich ihre Ästhetik oft beschränkt, einen großen Teil der Attraktivität. Denn in der Tat tauschen die ungepflasterten Straßen nur ihre Staubschicht gegen eine unwegsame Schlammschicht; zudem wirken viele Moscheen, viele Häuser heruntergekommen. Alles zusammen ein recht klägliches Schauspiel, und es braucht schon das robuste Temperament eines Malers oder die fachliche Neugier eines Architekten, um das aufkeimende Unbehagen zu bekämpfen.«

Dennoch wollen die meisten Reisenden in diesen Armenvierteln endlich dem Zauber des Orients erliegen. Darunter Kipling, der sich soeben noch über den Schmutz auf den Avenuen Europas erregt hat und nun – höchst angetan von »einem so köstlichen Gemisch aus Gerüchen von erhitzter Butter, moslemischem Brot, Kebabs, Kochgerüchen, Küchenqualm, Pfeffer und Kurkuma« – den der Suqs nicht zu sehen scheint. Oder Claude Aveline, der umso mehr dem Charme erliegt, als er sofort darauf verzichtet, das, was er sieht, zu verstehen oder erst recht zu

OBEN ■ Der Eingang in die Cheops-Pyramide.
RECHTE SEITE ■ Wenige Touristen können dem traditionellen Aufstieg auf die Cheops-Pyramide widerstehen, auch wenn die meisten Ägyptenführer, so wie der *Guide Joanne,* davon abraten: »Der Aufstieg über die Ostseite ist zwar sicher nicht gefährlich, aber dennoch aufgrund der Stufenhöhe und trotz der Hilfe der Beduinen, die einen schonungslos in weniger als einer Viertelstunde hinaufziehen, mühsam.«

beurteilen: »Man könnte bei solch einem Gedränge an irgendein Fest denken, aber es fehlte dieser spezielle Eindruck, der bei Menschenmengen entsteht, wenn ein gemeinsames Ereignis alle Köpfe gleich ausrichtet: bei rituellen Prozessionen, dem Begräbnis einer angesehenen Person, allgemeinen Wahlen oder Markttag. Hier eint nichts die einzelnen Teile dieses Menschenpuzzles, das wir mit unserem Wagen unaufhörlich streifen. Aber warum sollte man sie einen? Das hieße doch nur wieder, alles dem Lokalkolorit unterzuordnen und zu glauben, dass Menschen, die sich anders kleiden als wir, Schauspieler sind, dass sie ein Stück vorspielen müssen. Heute geht es glücklicherweise nicht mehr darum. Wir sind in einer anderen Welt.«

Louis Bertrand wiederum zeichnet zuerst ein apokalyptisches Bild von diesen »Straßen voller zerlumpter Frauen und Kinder«, wo man »bis zu den Knöcheln« im Schlamm versinkt, dann aber ruft er: »Aber hier ist er, der Triumph der orientalischen Reise: Ich habe das beinahe schön gefunden! Diese ärmliche Gegend […] vereinte für mich die ganze Brutalität des Südens und alle melancholischen Schattierungen einer Abenddämmerung in der Pariser Vorstadt.«

Doch während sich die einen mitreissen lassen, widert es andere Reisende an. Armut und Schmutz, die zu gut zu einem oberflächlichen Exotismus passen würden, können Jacques Boulenger nicht rühren: »Gassen, so eng, dass sich die Maschrabijen beinahe berühren, überdachte Wege, übel riechende Sackgassen, Staub, stinkende Schlammpfützen, was in diesem Land, in dem es nie regnet, schon viel sagt, heruntergekommene Gebäude, modrige Mauern, fleckiger als eine Scheibe Gänseleber, Bretterbuden, Gedränge, Fliegen, Esel, Gören, Sonne, Geschrei, Durcheinander: siehe Postkarten.«

Und so besichtigt man dann das alte Kairo. Die Suqs, aber auch die Zitadelle mit ihrem Ausblick über die ganze Stadt bis hin zu den Pyramiden, und das, was man die »Kalifengräber« nennt, das heißt, die Mausoleen der Mamelukensultane in der Nekropole. Und natürlich besucht man die Moscheen, von denen die berühmteste, die Al-Azhar, auch eine islamische Universität beherbergt. 1903 sorgt sich H. R.:«Was außer Fanatismus kann in diesen jungen Gehirnen keimen, die ausschließlich mit den Träumen eines Kameltreibers des siebten Jahrhunderts genährt werden? Deshalb kommen von dieser Universität auch die Mahdis und all die erleuchteten Marabouts, die den heiligen Krieg gegen die Christen predigen.«

Die Runde schließt immer auch die »Prostituiertenviertel« ein, wo, will man den Reisenden glauben, die Freuden natürlich nur erahnt werden, denn nur wenige gestehen, sie selbst genossen zu haben. Für die meisten entspricht die Wirklichkeit nicht den jahrhundertealten Fantasien über die orientalischen Genüsse: »Wir haben gerade […] die Freudenviertel von Kairo besucht«, erzählt H. R. »Einer der Jungen (ich war es nicht!) konnte nicht schlafen, weil er von zauberhaften Huris und Almehen* träumte! Arme Cythera! Mit ihrer Armut und ihren Lumpen! Doch dann auch wieder kurios, diese Straßen, wo in allen Häusern hinter den Gittern ihrer breiten, niedrigen Fenster drei oder vier Frauen mit schwarzem oder braunem Gesicht hocken, an Orangen oder Bananen knabbern, bekleidet mit leuchtend bunten Gewändern und uns winkend und rufend einladen, sie zu besuchen! Es gab sogar Leute, die bei diesem schrecklich obszönen Anblick vor Bewunderung erstarrten!« Eindeutig weniger empört ist Claude Aveline, der die Freude in einer »Fünf-Piaster-Straße« beschreibt, und danach die in die »Zwei-Piaster-Straße« abgedrängten Europäerinnen bemitleidet, weil es dort einem »scheußlichen Lepraheim« gleiche.

* **HURIS** Im Islam die legendären paradiesischen Jungfrauen von unvergänglicher Schönheit.
ALMEHEN, ALMÉEN ODER AWALIM Tänzerinnen; ursprünglich hervorragend ausgebildete Tänzerinnen reicher, vornehmer Harems.

LINKE SEITE ▪ Um 1900: Straße in der Altstadt vor dem Mausoleum des Mamelukensultans Kalaun (13. Jahrhundert).
»In Kairo muss man richtige arabische Viertel suchen. Touristen, also unseresgleichen, stören dort selten. Kaum entfernt man sich ein bisschen von der Muski, schon trifft man keinen einzigen mehr. So wie im Wald von Fontainebleau, sobald man die Straßen hinter sich lässt und den Hochwald betritt … Spaziergang im Labyrinth, das so unübersichtlich ist wie ein Netz aus Rissen im trockenen Schlamm.« (Jacques Boulenger, *Au fil du Nil*)

KAIRO

VORHERGEHENDE DOPPELSEITE ▪ Um 1930 bei den Pyramiden: Einige Privilegierte messen sich im Wettstreit der Eleganz, so wie diese Unbekannte in ihrem Packard Phaeton.
RECHTS ▪ Ehemalige Aussicht von der Pyramidenstraße. Alexandre Danjean, ein Reisender, der sie im April 1906 befährt, gerät ins Schwärmen über »die schöne Ebene, geschmückt mit Ernten aller Art, vollen Feldern, reichlich Futter, das grün geschnitten und ab Tagesanbruch auf dem Kamelrücken in die große Stadt gebracht wird« *(Récit d'un voyage circulaire en Orient)* Heute würde ein Foto an der gleichen Stelle einen Großstadtdschungel zeigen.

KAIRO

RECHTE SEITE UND FOLGENDE DOPPELSEITE ▪ Das Souvenirfoto: unerlässliches Ritual vor den Pyramiden. »Natürlich sieht ein Tourist auf einem Kamel nichts mehr, zu beschäftigt ist er mit sich selbst und mit diesem viel zu hohen Ross, dessen Gang ihm Übelkeit verursacht. Ich rede darüber nicht aus Erfahrung, sondern aufgrund von Beobachtungen. Als wir zweimal ablehnen, schlägt der Kameltreiber vor: ›Mindestens hinaufklettern, für Foto?‹ Nicht, dass er diesen Trick erfunden hätte. Es handelt sich hier um eine Gewohnheit oder sogar eine Tradition. Man wird auf ein Kamel gehievt, eine Pyramide wird dahintergesetzt, und man erhält ein Dokument, das, zu Hause angekommen, alle Freunde vor Bewunderung erstarren lässt.« (Claude Aveline, *La promenade égyptienne*)

▪ In »Sahara City« konnte man auf der Hochebene von Gizeh tageweise ein gemütliches Zelt mieten, um mit Muße das Panorama der Pyramiden zu betrachten. Manche Touristen blieben auch über Nacht.

LINKE SEITE ■ Eine Golfpartie im Mena House.
OBEN ■ Königin Maria von Rumänien und ihre jüngste Tochter, Prinzessin Ileana, bei der Besichtigung des Sphinx, 1930.

KAIRO

• Gizeh mit Nil-Hochwasser zu Beginn des 20. Jahrhunderts.

121

LINKS ▪ »Die Leute posieren steif, in feierlicher Haltung. Der Fotograf korrigiert mit der Gummibirne in der Hand die Pose: ›Nicht mehr bewegen!‹ Mit viertausend Jahre altem Blick schauen die Pyramiden von oben zu.« (Louis Bertrand, *Le mirage oriental*)

FOLGENDE DOPPELSEITE ▪ Eine Gruppe neuseeländischer Soldaten vor der Sphinx zur Zeit des Zweiten Weltkriegs. »Die Sphinx hat sich herausgeputzt. Sie ist nun vollkommen vom Sand befreit und breitet ihre gewaltigen Steinpranken vor sich aus. Sie hat kein Gesicht mehr. Die Jahrhunderte haben sie gezeichnet und die Menschen sie entstellt. Sie ist zu bewundern und zu bedauern. Alle Welt hat sie befragt. Aller Welt hat sie geantwortet. Jetzt antwortet sie nicht mehr. Sie hat genug davon. Sie verkriecht sich in eine Art Dumpfheit, die nicht mehr missmutig, sondern hochmütig und indifferent ist.« (Henry Bordeau, *Le Sphinx sans visage, notes d'un voyage en Égypte*)

Gesellschaftliches Leben

IN *LA MORT DE PHILAE,* DAS PIERRE LOTI ALS »LETTRES D'ÉGYPTE« zunächst 1907 und 1908 in *Le Figaro* veröffentlicht, findet man natürlich keinerlei Spur von Kairos Prostituiertenvierteln. In diesen für die Öffentlichkeit bestimmten Reisenotizen ist man weit entfernt von der Intimität des Tagebuchs, das der Autor von *Azijadeh* und *Islandfischer* 1894 bei einem früheren Aufenthalt in Ägypten verfasst hatte und in dem er die »prächtige und anmutige Gestalt mit Namen Falleuh« beschrieb, »unter den schwarzen Schleiern der Ägypterinnen mit Gold und Edelsteinen bedeckt, mit der [er] die Nacht bis zum Morgen verbringt.« Diesmal ist Pierre Loti in gewisser Weise offiziell unterwegs, bietet dieser zweite Aufenthalt doch die Möglichkeit, die politische Lage im Land zu beobachten. Denn er ist Gast seines Freundes Mustafa Kemal, einem in Frankreich ausgebildeten Advokaten, Anführer der nationalistischen Bewegung und Gründer der Tageszeitung *Al-Liwa*. Indem sie ohne Unterlass die britische Okkupation anprangern, erzielen diese Zeitung und ihr französischsprachiges Pendant, der *L'Étendard égyptien,* eine Auflage von 20000 Stück, was für jene Zeit enorm viel ist. Loti nimmt an den Gedenkfeiern zum 608. Jahrestag des ottomanischen Reiches teil und erhält eine Audienz beim Khediven Abbas Hilmi, der zu seinen treuen Lesern zählt.

Zu jener Zeit ist Ägypten englisch, und das Drama dieser Besatzung dominiert das gesamte politische Leben. Die »Herrscher« des Landes werden nur geduldet, wenn sie sich widerspruchslos unterwerfen. 1914 wird Abbas Hilmi, ein Enkel von Ismail und dem nationalistischen Lager nahe stehend, von den Engländern abgesetzt: Der Beginn des Ersten Weltkriegs liefert diesen den Vorwand, ihr Protektorat über Ägypten offiziell einzurichten, und Hussein, Abbas Hilmis Onkel, entspricht ihren Erwartungen besser. Nach Husseins Tod folgt ihm sein Bruder Fuad nach. 1922 wird er der erste »König von Ägypten«. Die Briten hatten unter dem Druck der äußerst populären nationalistischen Wafd-Partei von Saad Zaghloul Ägypten gerade eine nur relative Unabhängigkeit gewährt, wobei sie immer noch die Verteidigung sicherstellen, das Land militärisch besetzt halten und seine Außenpolitik kontrollieren. Eine neue Verfassung gibt dem Souverän die exekutive und dem Parlament (Abgeordnetenkammer und Senat) die legislative Macht. Saad Zaghloul wird erster Premierminister des unabhängigen Ägypten. Er setzt sich vor allem für die Förderung eines nationalen Bürgertums ein, das in der Lage sein sollte, die wirtschaftlichen Zügel des Landes in die Hand zu nehmen. Aber er scheitert an der eifersüchtigen Opposition des autoritären Fuad, der ihn bei seinen Vorhaben ständig behindert, die Gründung gegnerischer Parteien anregt, schließlich die Verfassung außer Kraft setzt und ab 1930 allein regiert. 1936, nach Fuads Tod, kommt die Wafd wieder an die Macht. Allmählich wird Ägypten »ägyptischer«: Die Ausländer verlieren ihre Privilegien, Arabisch wird Amtssprache. Aber die lauwarme Politik der Wafd und der anderen regierenden Parteien schafft es nicht, den chronischen Unruhen in den Städten und auf dem Land ein Ende zu setzen. England beunruhigt die Forderung nach völliger Unabhängigkeit, die ab dem Beginn des Zweiten Weltkriegs von einer kaum verhohlenen Sympathie für die »Feinde der Feinde«, das heißt die Achsenkräfte, begleitet wird. Angesichts der englischen Kanonen, die auf seinen Abdin-Palast gerichtet sind, muss König Faruk 1942 eine die Alliierten unterstützende Wafd-Regierung akzeptieren.

Das Nachgeben einerseits und die Machtergreifung durch einen Gewaltstreich des Besatzers andererseits sollten sowohl den König als auch die Wafd-Partei endgültig in Misskredit bringen und letztendlich direkt in die nationalistische Revolution von 1952 führen.

In Kairo verkehrt Jean Cocteau nicht wie Pierre Loti in Nationalistenkreisen, sondern eher mit der königsnahen Hautevolee. Trotz seiner Freundschaft mit einigen Prinzessinnen und Prinzen ist er sich jedoch der sozialen Ungerechtigkeit und der kommenden Dramen bewusst. So notiert er, nachdem Faiza, eine von Faruks Schwestern, ihn zu ihrem ausschweifenden Nachtleben mitgenommen hat: »Bis vier Uhr morgens zieht man von Haus zu Haus wie in New York. Diese Kreise essen, reden, trinken und tanzen auf einem weichen Sand, der in der Lage ist, Königreiche zu verschlingen.« Schon bei seiner Ankunft überrascht ihn das Nebeneinander von Luxus und Armut in den Straßen: »In Ägypten herrschen fünfzig Familien. Es gibt keine Mittelklasse. Der Rest treibt herum, gärt vor sich hin und revoltiert mal da, mal dort. Der König läuft ständig Gefahr, umgebracht zu werden. Seine Lieblingsbeschäftigung ist auszugehen, und so zieht er immer ungeplant von einem Club zum nächsten, umgeben von

Gesellschaftliches Leben

SEITE 126 ▪ Fuad I. (1868–1936). Der Sohn des Khediven Ismail nahm 1922 den Königstitel an.
RECHTE SEITE ▪ Der Khedive Tewfik, der ältere Bruder von Fuad und Herrscher über
Ägypten von 1879–1892, besichtigt den Tempel von Medinet Habu mit
seiner Frau, einigen Gesellschaftsdamen und ihren Eunuchen.

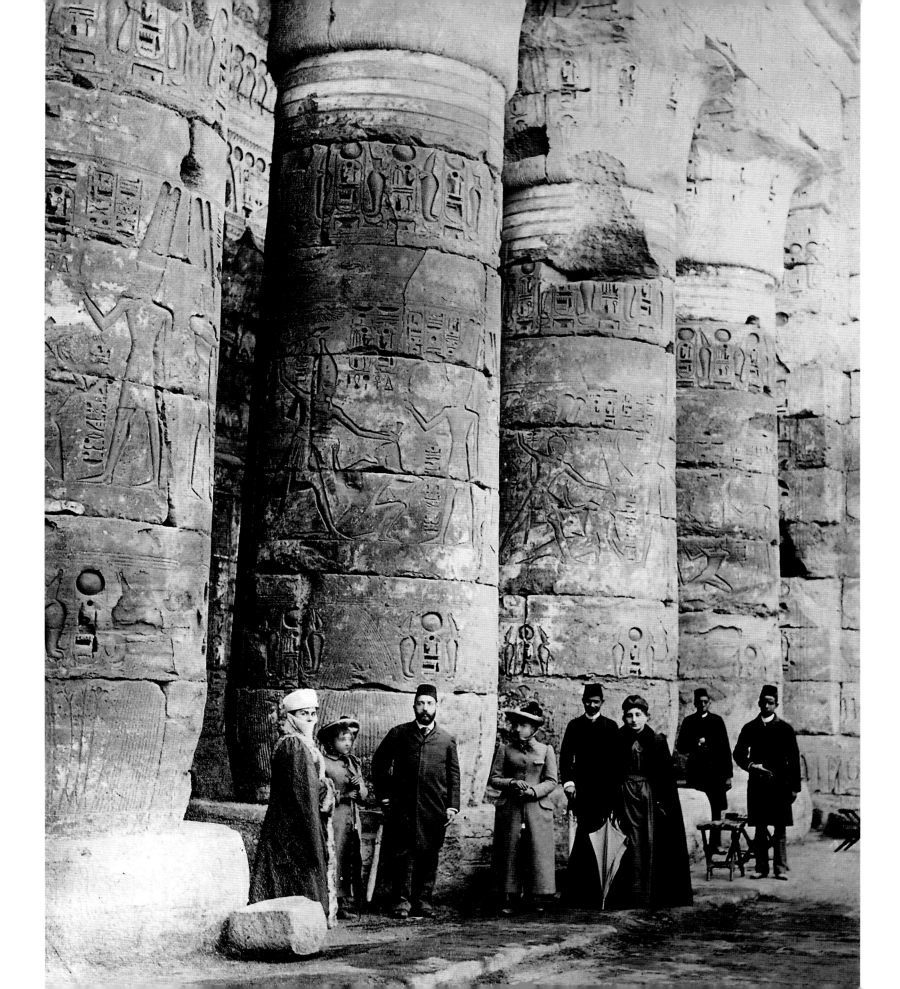

▪ Prinz Faruk im Alter von sechzehn Jahren. Auch nach seiner Thronbesteigung 1936 nach dem Tod seines Vaters Fuad blieb er ein verwöhntes Kind. Bis zu seiner Abdankung 1952 interessierten ihn vor allem seine Sportwagen, Jagdpartien und kurzlebigen Liebschaften. Er starb 1965 in Rom. Hier mit seinen Schwestern (oben Fawzia und Faiza, links Fawzia und Faika).

GESELLSCHAFTLICHES LEBEN

OBEN ▪ Prinzessin Fawzia, Faruks Schwester, auf einer Fotografie von Armand. 1921 geboren, vermählte sie sich im Alter von siebzehn Jahren mit Resa Pahlawi, dem Schah von Persien, von dem sie zehn Jahre später geschieden wurde. Sie heiratete noch einmal, diesmal Ismail Hussein Schirin, Offizier aus angesehener Familie und Kriegsminister, mit dem sie zwei Kinder hatte. 1980 starb sie in Kairo.
RECHTE SEITE ▪ König Faruk im königlichen Zug.

Gesellschaftliches Leben

OBEN UND RECHTE SEITE ■ Prinz Hassan Hassan (1924–2000), Fotografie von Armand, um 1950.
Der exzentrische Ästhet war ein Urenkel des Khediven Ismail und ein Großneffe von König Fuad. Bis zur Revolution,
während der er all seine Güter verlor, lebte er äußerst luxuriös. Er blieb jedoch in Kairo, wurde einer der besten
Maler Ägyptens und starb einige Tage vor Erscheinen seiner Memoiren: *In the House of
Muhammad Ali: a Family Album.*

137

SEITE 136 ▪ Große Treppe im Palast des Prinzen Youssef Kamal, eines weiteren Neffen von König Fuad, der ein großer Jäger, aber auch ein bedeutender Mäzen war. Der Palast wurde vom Italiener Antonio Lasciac, dem Chefarchitekten der Khedivenpaläste ab 1907, erbaut.

SEITE 137 UND DIESE SEITE LINKS ▪ Ein Empfang im Palast von Schubra zwischen den Marmorsäulen des Nymphäums, das 1820 vom französischen Architekten Pascal Coste im Auftrag von Mohamed Ali, Pascha von Ägypten, dem Palast angefügt wurde. »Der Palast von Schubra hatte zunächst einen großen, sorgfältig gepflegten und in Bereiche unterteilten Park, der bis zum Nil hinunter reichte«, erzählt Prinz Hassan Hassan, der dort einen Teil seiner Kindheit verbracht hatte. »Es gab sowohl Gärten als auch Plantagen mit Mango-, Guaven- und Zitronenbäumen … In meiner Kindheit war der Ort schon seit vielen Jahren verlassen, ein Teil des Parks war verkauft worden und wurde wieder landwirtschaftlich genutzt. Der Park war verwildert und seine verschiedenen Bereiche gingen auf romantische Art und Weise ineinander über, ohne Einschränkungen. Ich erinnere mich an den Eukalyptus, der sich im Wind bewegte, an das schöne, dichte, reglose Laub, die Mangobäume – in deren Schatten sich ungeschickt die heiligen Skarabäen tummelten – und an die Eleganz und den Duft der Pinien, die sich am gestreiften Abendhimmel abzeichneten.«
(In the House of Muhammad Ali: a Family Album)

GESELLSCHAFTLICHES LEBEN

RECHTS ▪ Ein Salon des Abdin-Palasts, um 1920. Zwischen 1872 und 1881 für den Khediven Ismail gebaut, wurde der Palast nach einem Brand von Antonio Lasciac zwischen 1909 und 1911 wieder aufgebaut. Der Palast – mittlerweile Königspalast – wurde die Hauptresidenz der Könige Fuad und Faruk in Kairo.
FOLGENDE DOPPELSEITE ▪ Diener bei der Arbeit in der Residenz von Sir Miles Lampson, dem Botschafter von Großbritannien in Ägypten.

143

Gesellschaftliches Leben

■ »Die Leute drängen sich bei den Pferden und dann bei den Schaltern, denn die sportlichen Ereignisse zählen in Ägypten zu den wichtigsten Unterhaltungen der Wintersaison. Die Rennen sind sehr beliebt, liefern sie doch den Damen der Bourgeoisie und des vermögenden Handels die Gelegenheit, ihre Toiletten aus Paris vorzuführen. […] Üblicherweise sind es Syrierinnen, Griechinnen und Jüdinnen. Die ägyptische Frau mischt sich selten unter die Leute, sie bleibt noch im diskreten Umfeld des Harems. Politiker und reiche Kaufleute riskieren bei den Rennen gewaltige Summen.« (José-Gabrielle Delgoffe, *Impressions d'Ègypte*)

LINKE SEITE UND OBEN ▪ Ein Renntag im Hippodrom von Heliopolis.
FOLGENDE DOPPELSEITE ▪ Ein Maskenfest in Kairo, 1920er Jahre.

GESELLSCHAFTLICHES LEBEN

■ »Die Autos in Ägypten sind wunderschön und stark motorisiert. Zumindest stehen sie für Ägyptens Stärke, denn brauchen kann man sie dort nicht. Abgesehen von der Straße zu den Pyramiden, der von Shell betonierten Autostrada zwischen Kairo und Alexandria und der Straße von Kairo ins Fayum, gibt es keine Straßen.« (Jean Cocteau, *Maalesh*)

GESELLSCHAFTLICHES LEBEN

Polizei.« Auf Anraten von André Gide trifft Jean Cocteau gleichwohl Taha Hussain. 1889 geboren, mit drei Jahren erblindet und allgemein als einer der größten arabischen Schriftsteller des 20. Jahrhunderts anerkannt, hat dieser in Frankreich Literatur und Geschichte studiert und auch seine Frau kennen gelernt. Ab 1927 schafft er neben seinen diversen Tätigkeiten (er ist Universitätsprofessor, dann Unterrichtsminister) ein bedeutendes Werk, das, zwar tief in Ägypten verwurzelt, aber dem ganzen Mittelmeerraum gegenüber offen, im Westen vor allem durch seine Autobiografie (in deutscher Sprache dreibändig erschienen: *Kindheitstage, Jugendjahre in Kairo* sowie *Weltbürger in Paris*) entdeckt wird. Zur literarischen Szene Ägyptens jener Zeit zählen noch einige andere talentierte Autoren, die international noch nicht bekannt sind und keinen der Reisenden interessieren: die Dichter Ahmed Chawki (dessen Gedichte von Uum Kalthum und Abdel-Wahab gesungen werden), Khalil Mutran und Hafez Ibrahim, die Romanschriftsteller Taufiq al-Hakim (er schrieb 1930 das berühmte Buch *Staatsanwalt unter Fellachen*), Yahia Haqqy und natürlich Naguib Mahfouz, der spätere Nobelpreisträger, der seine ersten Bücher Ende der 1930er Jahre veröffentlicht. Er ist ein Zeitgenosse von großen französischsprachigen, ägyptischen Schriftstellern, darunter Albert Cossery, Georges Henein und Edmond Jabès, die außerhalb ihres Landes anerkannt werden.

Abseits von exotischen Klischeebildern machen auch einige außergewöhnliche Frauen in Kairo von sich reden. Unter ihnen eine äußerst vermögende türkische Prinzessin, die mit einem nicht weniger wohlhabenden ägyptischen Pascha verheiratet ist: die Feministin Huda Sharawi. In den 1920er Jahren gründet sie die »Union féminine« und eine Zeitschrift in Arabisch und Französisch mit dem Titel *L'Égyptienne*. Sie fordert für die Frauen das Wahlrecht, die Möglichkeit, in das Parlament gewählt zu werden und vor allem eine Reform der Heiratspraktiken, die unter anderem die Abschaffung der Verstoßung, der verpflichtenden Mitgift und der Verheiratung von Mädchen unter sechzehn Jahren vorsieht. Durch die Freundschaft mit Safia Zaghloul, der Frau des nationalistischen Führers, erreicht sie zumindest das Recht auf Scheidung für geschlagene Frauen. Mary Kahil wiederum, ebenfalls übermäßig reich und Erbin eines melkitisch griechisch-katholischen Paschas, stellt ihr Vermögen in den Dienst ihres Glaubens (so kauft sie zum Beispiel eine anglikanische Kirche, um sie in eine griechisch-orthodoxe zu verwandeln) und fördert den islamisch-christlichen Dialog durch das Dar el-Salam-Zentrum, das dank ihrer Unterstützung 1940 vom großen Islamologen Louis Massignon in Kairo gegründet wurde. Einer ganz anderen Welt gehört natürlich die berühmteste Ägypterin der damaligen Zeit an: Uum Kalthum. Schon in jungen Jahren aufgrund ihrer übersinnlichen Stimme in ihrem kleinen Dorf am Nildelta entdeckt, gibt sie, die später den Beinamen »Stern des Orients«

Drei große ägyptische Persönlichkeiten
aus Kunst und Literatur:
LINKE SEITE ▪ Der Sänger und Komponist Mohamed
Abdel Wahab (1901–1991, oben), Autor von mehr als
fünfhundert Liedern, Fotografie von Armand, und
der Schrifsteller Taha Hussein (1889–1973, unten), von
Van Leo (1922–2002), Kairos größtem Studiofotografen, ebenfalls einem Armenier, porträtiert.
RECHTS ▪ Uum Kalthum und Abbas Fares in *Dananir,*
einem Film von Ahmed Badrakan (1940). Die
große Sängerin trat in sechs Filmen auf,
immer unter der Bedingung,
nicht geküsst zu werden.

Gesellschaftliches Leben

erhält, 1922 mit vierundzwanzig Jahren ihr erstes Konzert in Kairo. Ihr Triumph wandelt sich bald schon zu einem Kult, der seinen Höhepunkt in der Zeit Nassers erreicht. Die Ägypter verehren nicht nur ihre außergewöhnlich große, kraftvolle, reine Stimme, die sie fast zur Exstase bringt, sondern auch ihre Gabe, als Inspirationsquelle und Interpretin das authentische arabische Lied, das im Kontakt mit dem Westen vollkommen verdorben worden war, wiederzubeleben. In Kino und Radio lässt sich die Diva schon in den 1930er Jahren außerhalb ihrer Konzerte bewundern.

Das ägyptische Kino erlebt seine Hochblüte. In Mengen lockt es die Menschen, begierig nach Romanzen oder Melodramen, nach berümten Sängerinnen oder kessen Tänzerinnen in Dutzende von Kinosälen. Zu Beginn der 1930er Jahre erlebt Claude Aveline die Anfänge dieses nationalen Kino, und es ist bewundernswert, wie er seine Entwicklung, von einigen Ausnahmen abgesehen, vorhersieht: »Auf Betreiben von Youssef Bey Wahby, einem berühmten arabischen Schauspieler, wurde vor kurzem die Ramses-Film, eine ägyptische Filmproduktionsgesellschaft gegründet. Lauro erzählte mir, worum es in seinem ersten Film *Le fils à papa* ging: Ein junger Ägypter lässt sich in Paris nieder und gerät in die Fänge einer jener Frauen, die es nur in dieser liederlichen Stadt gibt. Aber er entkommt ihr, und erst als er in sein Heimatland zurückkehrt, findet er seine Würde wieder [...]. Die ägyptische Filmproduktion spielt also bereits auf internationalem Niveau die – wie soll ich sagen – gängigen Themen.« Die 1935 gegründeten Misr-Studios produzieren innerhalb von zehn Jahren hundertvierzig derartige Filme für den Geschmack der Masse und den Export in die gesamte arabische Welt. Sie machen Sänger-Komponisten wie Farid el-Atrache (drusischer Abstammung) oder Abdel Wahab, Tänzerinnen wie Tahya Carioca oder Samia Gamal ungemein populär. *Baba Amine,* der erste Film von Youssef Chahine, gedreht 1950, ist so eine leichte, musikalisch unterlegte Komödie. Erst nach der Nasser'schen Revolution findet er zu seinem neorealistischen Stil, der ihn neben Kemal Selim und Kemal Telmissany zu einem der wenigen berühmten Filmschaffenden machen sollte.

Ägypten ist also nicht nur ein Land von Fantomen, bevölkert von diesen beeindruckenden Mumien, die man im Ägyptischen Museum in Kairo besichtigt. Das Gebäude wurde 1902 von einem französischen Architekten auf einem Gelände nahe dem Nil und neben englischen Kasernen erbaut. »Es ist der pompöseste und beleidigendste all dieser grässlich stillosen Bauten, die sich im neuen Kairo jedes Jahr mehr ausbreiten«, schimpft Pierre Loti. »Wer immer sich die verblichenen Herren und Damen, die meinten, sich so gut für die Ewigkeit versteckt zu haben, unter viel zu grellem Licht aus der Nähe betrachten möchte, der möge kommen.« Fünfzehn Jahre später hingegen, nach der Aufsehen erregenden Entdeckung des Grabes von Tutanchamun durch Howard Carter, drängen sich die Touristen im Museum, um den Schatz des jungen Pharao, Schmuck, Ziergegenstände und Grabbeigaben von unvergleichlicher Raffinesse, zu bestaunen: »Die Schätze aus dem Grab des Tout-Ank-Amon [sic] ziehen sich mit so einer Fülle und so einem Glanz durch die Säle im ersten Stock, dass sie plötzlich, zumindest im Moment, alles übrige im Museum in den Schatten stellen«, bemerkt Henry Bordeaux zehn Jahre nach der Entdeckung. »Man sieht nur mehr sie, man studiert nur mehr sie.« Und seitdem Lord Carnarvon – Carters Mäzen –, sein Bruder und der Kanarienvogel des Archäologen auf mysteriöse Weise gestorben sind, schaudert es die Besucher beim Gedanken an den »Fluch des Pharao«.

Doch das Museum ist nur Appetitanreger, eine Zusammenschau der Wunder, die man sich in situ in den Tempeln und Grabkammern im Niltal zu entdecken anschickt. Südlich von Kairo besucht man zunächst Memphis und die Nekropolen von Saqqara und Daschur. Dafür kann man den Zug nehmen: fünfzig Minuten bis zum Bahnhof von Badrachein, dann eine Stunde auf dem Esel bis Memphis und Saqqara und noch einmal eineinhalb Stunden bis Daschur. »Man sollte Proviant und Kerzen mitnehmen«, empfiehlt Georges Bénédite im *Guide Joanne*. Aber die meisten Touristen besteigen in Kairo nicht den Zug, sondern das Schiff: und erleben die Ruinen von Memphis als erste Etappe ihrer so lange erwarteten »Kreuzfahrt auf dem Nil«.

LINKE SEITE • Das 1857 von Auguste Mariette gegründete Ägyptische Museum hatte zwei Heimstätten, bevor es auf diesem Platz im Stadtzentrum (dem heutigen Midan al-Tahrir) eine Bleibe fand. Von einem französischen Architekten errichtet, wurde es im November 1902 unter der Direktion von Gaston Maspéro eröffnet. Es beherbergt die schönsten Altertümer, die im Land entdeckt wurden, darunter die königlichen Mumien und den Schatz des Tutanchamun.

GESELLSCHAFTLICHES LEBEN

»Beim Kaffee hören wir Platten, moderne Lieder aus Ägypten, zum Beispiel *Fil Leil* oder *Dans la nuit* vom berühmten Abdel Wahab, der seine Kompositionen selbst singt. ›Ohne Theorie, ohne Methode, ganz spontan‹, erzählt mir Hatun, ›bearbeitet Abdel Wahab arabische Volksweisen nach den Grundprinzipien der europäischen Musik.‹ […] Wird er der Vorläufer einer neuen Schule sein? Wird man hier so wie auch in anderen Bereichen erleben, dass den Ägyptern eine ideale Synthese gelingt, eine perfekte Mischung, die sie sich von Orient und Okzident erträumen? Liegt es in ihrer Natur? Gelingt es hier, dann gelingt es auch anderswo: denn man kann einem Volk alles aufzwingen, nur nicht seine Lieder.«
(Claude Aveline, *La promenade égyptienne*)

RECHTS ▪ Die Sängerin Fatheya Ahmed und ihre Musiker in den 1920er Jahren.

GESELLSCHAFTLICHES LEBEN

Das Kino: eine ägyptische Leidenschaft, die seit den 1930er Jahren in die ganze arabische Welt exportiert wird.
OBEN ▪ Omar Sharif 1950 im Alter von achtzehn Jahren, vor seiner Kinokarriere, Fotografie von Van Leo. Zu jener Zeit gibt es in Kairo mehr als hundert Kinosäle, die hauptsächlich ausländische Filme spielen. Aufgrund der strengen Zensur beschränkt sich die landeseigene Produktion auf leichte Unterhaltungsfilme, oft Musicals, oder auf schlechte Melodramen in bürgerlichem Milieu: Es ist verboten, die Armut zu zeigen.
RECHTE SEITE ▪ Ein Kino im Stadtzentrum, Fotografie von Van Leo im Jahr 1961.

GESELLSCHAFTLICHES LEBEN

LINKE SEITE UND OBEN ▪ Die Stars Farid el-Atrache und Samia Gamal in zwei der vielen gemeinsam gedrehten Musicals.

GESELLSCHAFTLICHES LEBEN

OBEN ▪ Youssef Chahine und seine Frau Colette an ihrem Hochzeitstag am 29. Mai 1955. Im gleichen Jahr dreht der Filmemacher *Siraa fel mina (Dark waters)* mit Omar Sharif und der großen Schauspielerin Faten Hamama.

RECHTE SETIE ▪ Albert Cossery, 1945. Die Aufnahme stammt von Alban, einem weiteren armenischen Studiofotografen aus Kairo. Einige Tage danach verlässt der ägyptische Schriftsteller endgültig sein Heimatland und lässt sich in Frankreich nieder. In Paris schreibt er dann auch seine Hauptwerke – darunter *Gohar der Bettler, Gewalt und Gelächter*, eine witzig-zärtliche Ode an die Freiheit und eine unbarmherzige Verhöhnung der Macht –, die alle in Ägypten spielen.

Gesellschaftliches Leben

OBEN UND RECHTE SEITE ▪ Das rege kulturelle und soziale Leben im »Haus der Künstler«, einem Ensemble aus alten, miteinander verbundenen Wohnungen am Fuß der Zitadelle. Ab 1900 wurde das Haus von verschiedenen Mietern, Intellektuellen und Künstlern bewohnt. Zu den berühmtesten zählen der Schriftsteller Edmond Jabès und der »Architekt der Armen«, Hassan Fathy, der hier bis zu seinem Tod 1989 lebte. Albert Cossery, ebenfalls ein Mitbewohner, inspirierte es zu seinem Buch *La maison de la mort certaine*.

Gesellschaftliches Leben

Ägypten ist das Reich des orientalischen Tanzes. Viele Kabaretts, von der Spelunke bis zum edelsten Etablissement, bieten Tanzvorführungen an. Manche Tänzerinnen werden zu lebenden Legenden und Kinostars, so wie die beiden berühmtesten, Tahia Carioca und Samia Gamal, die naturgemäß miteinander konkurrierten. Beide kamen aus sehr bescheidenen Verhältnissen. Erstere (Bild oben) spielte bis zu ihrem Tod 1999 in mehr als 120 Filmen mit. Samia Gamal (rechte Seite auf einem Foto von Van Leo) wurde von König Faruk zur »nationalen Tänzerin Ägyptens« ernannt und tanzte, bis sie siebzig Jahre alt war. Sie machte eine internationale Filmkarriere (*Ali Baba und die 40 Räuber* mit Fernandel, *Das Tal der Könige* mit Robert Taylor), die insbesondere durch ihre Verbindung mit dem Sänger Farid el-Atrache geprägt war.

FOLGENDE DOPPELSEITE ▪ Eine Tänzerin, Fotografie von Armand.

GESELLSCHAFTLICHES LEBEN

▪ Die Shell-Tankstelle auf der Straße nach Alexandria.

Oberägypten

OBERÄGYPTEN

Für die Kreuzfahrt stehen mehrere Schifffahrtsgesellschaften zur Auswahl, der *Baedeker*, allgegenwärtiger Reiseführer zu Beginn des Jahrhunderts, meint jedoch kategorisch: »Die besten Boote in Hinblick auf Komfort und Sauberkeit, Ordnung und gepflegtes Service, sind jene von Thomas Cook & Son, einer renommierten englischen Gesellschaft, deren ›Touristendampfer‹ von Mitte November bis Mitte Dezember alle vierzehn Tage und von da an bis Anfang März einmal in der Woche zwischen Kairo und Assuan verkehren.« Bis zum zweiten Weltkrieg durchpflügen in der Saison ungefähr zwanzig Cook–Schiffe den Nil.

Es gibt drei Schiffstypen, die von der Kompagnie selbst in ihrer Schiffswerft in Kairo gebaut werden; jedes von ihnen dem Geld- oder Zeitbudget des Touristen angepasst. Das gängigste ist der Dampfer mit – laut Cook-Broschüre – »geräumigen Kabinen und Salons«, der, je nach Größe, vierzig bis etwa achtzig Passagieren für ungefähr zwanzig Tage Platz bietet. Und zwar mit einwandfreiem Komfort: keine Kabine mit mehr als zwei Betten, Warm- und Kaltwasser in den vier Bädern (zwei für Herren, zwei für Damen), elektrisches Licht und Klingeln, dreifache Fensterscheiben, Moskitonetz und Fensterläden, Speisesaal, Tanzsalon mit Klavier, Lesesalon. Aber das Unternehmen Cook verwöhnt noch mit anderen Raffinessen, darunter die zwingend europäische Herkunft des Zahlmeisters und des Arztes (»der in London unter zahlreichen Anwärtern ausgewählt wird und dessen Dienste man ziemlich selten in Anspruch nehmen muss«), die Anwesenheit eines als Dolmetscher fungierenden Führers (eines »Dragomanen«, wie er zu jener Zeit genannt wird), sowie eines erfahrenen Kochs und eines untadeligen Bordpersonals, ganz abgesehen vom Kühlschrank (praktisch auch für das Zwischenlagern von Leichen, wie die von Mrs. Doyle aus Agatha Christies *Tod auf dem Nil*), der Eismaschine, gediegener Tisch- und Bettwäsche, Damensätteln … Trotzdem, obgleich sowohl *Baedeker* als auch Georges Bénédites *Guide Joanne* die Bequemlichkeit dieser erschwinglichen und schnellen Kreuzfahrt rühmen, betonen sie gleichzeitig ihre größten Nachteile: das enge Zusammenleben auf einem fahrenden, aber abgeschlossenen Hotel mit »einer eleganten, jedoch oft auch gemischten Gesellschaft bestehend aus Menschen aller Nationen. Man sollte also von vornherein für angenehme Reisegefährten, vor allem für die Nacht in der Kabine, sorgen …«; und die starre Organisation der Kreuzfahrt, während der »einem die Handlungsfreiheit genommen wird, für die alles geplant und im Vorhinein festgesetzt ist und man zu einer festen Uhrzeit essen und besichtigen muss.«

Die Cook-Kreuzfahrten auf diesen »Touristendampfern« inspirieren einige reisende Schriftsteller zu unbeschreiblich komischen Meisterleistungen. Während Robert d'Humières allerdings vom »Aufeinanderhocken wie auf der oberen Busetage« erzählt und Loti von »schwimmenden Kasernen« spricht, sind sie selbst auf privaten Schiffen unterwegs. Rudyard Kipling dagegen probiert mit lobenswerter Selbstverleugnung ein damals gängiges Cook-Boot aus: »Drei Wochen lang saßen wir auf den mit Sesseln und Teppichen üppig bestückten Decks, penibel fern gehalten von allem, was irgendwie mit Ägypten zu tun hatte, stets unter der Aufsicht eines entsprechend orientalisierten Dragomanen. Zwei oder drei Mal am Tag hielt unser Schiff an einem schlammigen, mit Eseln bedeckten Ufer. Man holte Sattel aus der Vorderdeckluke, schirrte die Esel, verteilte sie gemeinsam mit ebenso vielen Karten, und schon galoppierten wir durch wogende Felder und Wüsten. Je nach Programm stellte man uns mit durchdringender Rede einem Tempel vor, um uns dann schlussendlich wieder unserem Deck und unserem *Baedeker* zu überlassen. Was den Komfort, um nicht zu sagen den fürsorglich betreuten Müßiggang betraf, bot das Leben nichts Vergleichbares, und da der größere Teil der Passagiere Bürger der Vereinigten Staaten waren (Ägypten sollte im Winter vorübergehend ein Teil der Vereinigten Staaten werden), fehlte es dafür nicht an Interessenten. Es gab eine erdrückende Anzahl von Frauen mit hie und da einem Gatten oder einem nachgiebigen Vater, die herumkommandiert wurden und offensichtlich an einem Informationsstau über ihre Geburtsstadt litten. Ich hatte die Freude, ein Treffen zweier dieser Männer mitzuerleben. Sie kehrten absichtlich dem Fluss den Rücken zu, bissen das Ende der Zigarren mit ihren Zähnen ab und zündeten sie an.

LINKE SEITE • Der Isis-Tempel auf der Insel Philae zu Beginn des 20. Jahrhunderts.

Und während eineinviertel Stunden gaben sie unentwegt Statistiken über Industrie, Handel, Manufaktur, Transportmittel und Journalismus ihrer Städte, sagen wir Los Angeles und Rochester (N. Y.), von sich. Es war wie ein Duell von Registrierkassen.«

Denjenigen, denen diese Enge zuwider ist und die weder Zeit noch Geld zählen müssen, rät Thomas Cook zu einem viel aristokratischeren Schiff: die traditionelle Dahabiya, passend für eine traumhafte Kreuzfahrt mit der Familie oder mit Freunden. »Die Dahabiya hat zahlreiche Vorteile«, erläutert man in der Cook-Broschüre. »Zunächst garantiert sie absolute Intimität und die völlige Unabhängigkeit der Gesellschaft an Bord. Sie ist eine Flussyacht und steht ausschließlich ihren Passagieren zur Verfügung, die nicht an ein bestimmtes Programm gebunden sind und frei über ihre Zeit verfügen können.« Das traditionelle Nil-Boot mit einem Segel und Rudern, das Flaubert benutzt hatte, war zur eleganten Yacht aufgestiegen mit, je nach Modell, vier bis zehn Kabinen. Manche haben Segel und können bei Gegenwind von Dampfschaluppen gezogen werden, andere werden nur mit Dampf betrieben. Und so wird die *Oonas*, eine Dampf-Dahabiya, von 1899 bis in die 1930er Jahre in der Cook-Broschüre präsentiert: »Die *Oonas* ist ein Raddampfer aus Stahl, 36 m lang und 5,9 m breit, mit einem Tiefgang von 66 cm. Auf dem Unterdeck hat sie neun außergewöhnlich große und luxuriös möblierte Kabinen, deren Fenster so angebracht sind, dass die Passagiere von ihren Kojen aus die vorbeiziehende Landschaft sehen können. Auf dem Oberdeck liegt ein großer Salon. Speisesaal und Rauchsalon sind ebenfalls sehr groß, und für den Spaziergang steht ausreichend Platz zur Verfügung. Die *Oonas* verfügt überall über elektrisches Licht und hat zwei Badezimmer; bei ihrem Bau wurden die strengsten Hygienevorschriften befolgt, die Möblierung besteht nur aus den modernsten und komfortabelsten Stücken. Sie ist für elf Passagiere vorgesehen.« Um 1900 kostet die Miete einer solchen Yacht zwischen 10000 damaligen Francs (für vier Passagiere) und 20000 Francs (für elf Passagiere) im Monat, alles inbegriffen – was heute 30000 bis 60000 Euro entspräche.

Schließlich bietet Cook die »Expressdampfer« an, die die Reisenden ohne Zwischenstopp nach Luxor und dann nach Assuan bringen. Das sind Dampfer, die einst im Postdienst standen. Sie sind für Leute, die lieber lange in Luxor oder in Assuan bleiben, anstatt den Nil entlangzubummeln. Und die sich durch die Anwesenheit von ägyptischen Passagieren an Bord nicht allzu gestört fühlen: Unter dem Oberdeck mit seinen ungefähr dreißig Erste-Klasse-Kabinen liegt ein »den reisenden Eingeborenen vorbehaltenes« Zwischendeck. Cook versichert, dass es vollkommen abgetrennt ist und präzisiert, dass dort »Eingeborene aller Klassen«, darunter »muslimische Damen, die von Vorhängen geschützt sind«, transportiert werden.

Wie auch immer sie fahren, die »cooks und die cookesses« überschwemmen das Niltal. Die klassische Cook-Nilfahrt hält bei der Hinfahrt in Memphis und Saqqara, dann bei der Pyramide von Medum im Faiyum, in Minya, um die Gräber von Beni Hassan und eine Zuckerfabrik zu besuchen, in Asiyut wegen seiner Basare, am Tempel von Dendera, in Luxor für mehrere Tage, dann bei den Tempeln von Esna, Edfu und Kom Ombo und schließlich in Assuan, wo man auch einen längeren Aufenthalt hat. Bei der Rückfahrt hält man wieder in Luxor, dann auf der Höhe des Tempels von Abydos und in Tell el-Amarna wegen der Ruinen der Stadt von Echnaton, bevor man »am zwanzigsten Tag nach der Abfahrt, normalerweise in den frühen Nachmittagsstunden« wieder Kairo erreicht.

Bei jeder Station trifft man auf die gleiche abstoßende, ja zerstörerische Infrastruktur, die die reisenden Schriftsteller natürlich bissig kommentieren. »Derzeit«, schreibt Pierre Loti, »liegt vor dem kleinsten Örtchen – neben den schönen einfachen Barken, die es noch gibt, in großer Zahl, und die mit ihren Rahen wie mit langen Schilfrohren gen blauen Himmel weisen – immer ein riesiges schwarzes Anlegeponton für die Touristendampfer, das alles durch seine bloße Anwesenheit und seine Reklameaufschrift ›Thomas Cook and Son (Egypt limited)‹ verunstaltet.« Die Quasi-Monopol-Stellung von Cook bedeutet für die Touristen, die ihre Kreuzfahrt einer anderen Gesellschaft oder einer privaten Feluke anvertraut haben, noch mehr Nachteile: Zum Beispiel sind die für den Weg vom Ufer zum Baudenkmal unerlässlichen Esel oft nicht verfügbar. Dieses Unglück widerfährt dem armen H. R., der unter der Flagge der ägyptischen Tewfikieh-Gesellschaft fährt und mehrmals geduldig auf einen Esel warten muss, weil alle von Cook in Beschlag genommen oder vorreserviert sind … Bei der Ankunft der »cooks« bieten sich immer die gleichen komischen Szenen, wenn eine Gruppe verkrampft wirkender Touristen mit Korkhelmen und blauen oder grünen Brillengläsern, überzeugt von ihrer Überlegenheit gegenüber den »Eingeborenen«, sobald sie den Fuß auf die Erde gesetzt haben, von einer Meute aufdringlicher und ausgelassener Bettler bestürmt werden. Dann schwingt man sich auf seinen Esel, seltener auf ein Pferd und peilt das Denkmal an, das man zu besichtigen gedenkt. Das Programm beinhaltet normalerweise einen Lunch in den Ruinen, laut Loti eine »lockere Tafelrunde mit ungefähr dreißig Gedecken […] Es wird Soda und Whisky getrunken und gierig Fleisch gegessen, das in fettiges Papier eingeschlagen ist, welches danach die Fliesen

RECHTE SEITE • Eine Touristenkarte in einem englischsprachigen ägyptischen Magazin der 1930er Jahre.

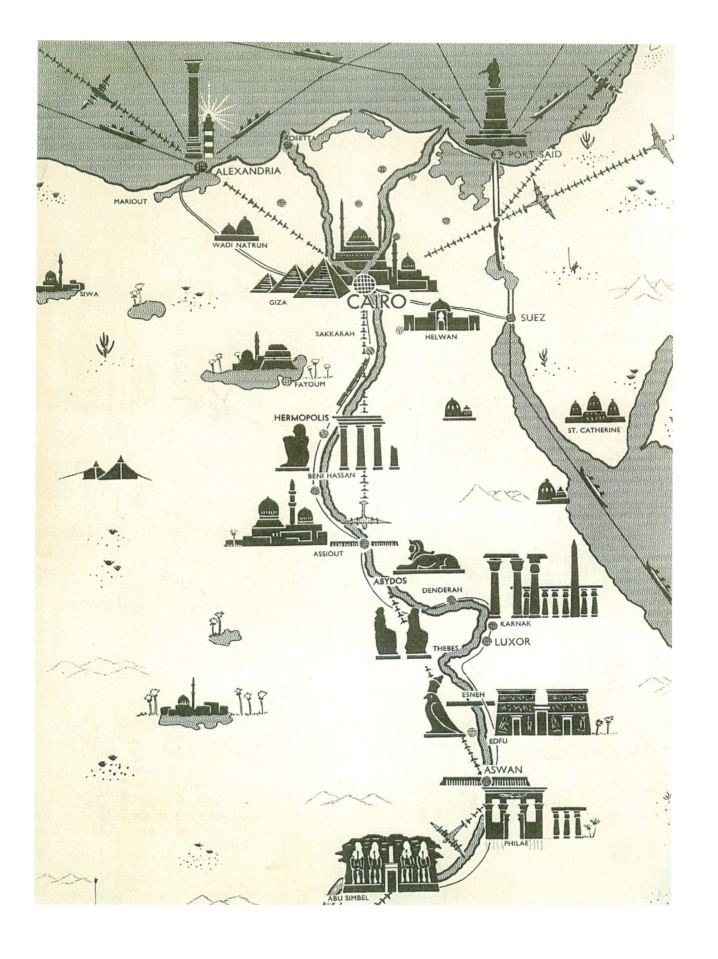

Oberägypten

ziert.« Man spaziert durch die Ruinen und hört dabei unkonzentriert, wenn nicht sogar misstrauisch die Erklärungen des »Dragomanen«. Denn man wurde im *Baedeker* vorgewarnt: »Man behandle den Dragomanen mit einem gewissen Hochmut wie einen Diener, den man bezahlt. Es kann sein, dass er sich als großer Herr aufspielt; dieser Situation entkommt man umso leichter, je schneller man ihn an seine Rolle eines Untergebenen erinnert hat. Vor allem hüte man sich davor, sich die Denkmäler von ihm ›erklären‹ zu lassen; er sagt nur unverstandene Phrasen, die er in ›Reisehandbüchern‹ gelesen oder von den Touristen aufgefangen hat. Man vergesse niemals, dass alle Dragomane ohne Ausnahme vollkommen ungebildet sind und von der Geschichte und der archäologischen Bedeutung der Kunstdenkmäler nicht die geringste Ahnung haben.« Danach besteigt man in Windeseile wieder seinen Esel, denn es gibt bei Cook über all die Jahrzehnte hindurch eine unverrückbare Tradition: *Teatime* an Bord! Auf dem Rückweg von Abydos überholt der ziemlich unbarmherzige und nicht gerade anglophile Pierre Loti, hoch zu Ross, einen kleinen weißen Esel, der eine »bebrillte cookesse« auf dem Rücken trägt: »Die Schrecklichste von allen, knochig und streng; über ihren an sich schon tristen Reiseanzug hat sie einen Tennispullover angezogen, der ihre Eckigkeit noch betont, und in allem scheint sie die *respectability* des Vereinigten Königreichs zu verkörpern. Im übrigen würde man es gerechter finden, wenn sie den Esel tragen würde – so lang sind ihre Beine, die sie als Tourist ja nie gebraucht. Das arme kleine weiße Tier schaut mich mit hin- und herwackelnden Ohren melancholisch an und seine so feinen, hübschen und aufmerksamen Augen wollen mir sicherlich sagen: ›Sie ist ziemlich hässlich, oder?‹ – Oh ja, mein armes kleines Eselchen. Aber stell dir vor, wenigstens sitzt sie auf deinem Rücken und so hast du im Vergleich zu mir den Vorteil, dass du sie nicht mehr sehen musst.« Gehört diese schreckliche Dame wohl zu »jener verbreiteten Kategorie von beherzten Forscherinnen, die – trotz hoher *respectability at home* – nicht davorzurückschrecken, einmal am Nil angekommen, ihre Sonnen- und Luftkur mit noch etwas ›Beduinentherapie‹ zu ergänzen«? Loti beschreibt die sehr spezielle Therapie folgendermaßen: In den kleinen Eselkarawanen gibt es »die schon fast traditionelle altmodische Dame, die, aus rein privaten Gründen, in einiger Entfernung folgt; sie ist etwas reiferen Alters [...], aber noch immer freundlich zu ihrem Eseltreiber, der sie mit beiden Händen mit *be*rührender und klar lokalisierter Fürsorge von hinten auf ihrem Sattel festhält ...«

Bevor sie sich an der regenerierenden Tee-Tränke wiederfinden, müssen sich die »cooks« noch einem kleinen hygienischen Ritual unterziehen, von dem Jacques Boulenger erzählt. Der Schriftsteller, im Februar 1927 unterwegs, musste sich mangels ausreichender Mittel für eine private Dahabiya mit einem Cook'schen »Touristendampfer« begnügen: »Jedes Mal, wenn wir wieder an Bord gehen, kommen zwei dafür abgestellte Matrosen mit Staubwedeln, um unsere Schuhe zu säubern. Insgesamt sind sie sechzehn. Sie tragen weiße Türkenhosen [...]; darüber blaue Leibchen, die mit der roten Aufschrift *Cook and Son* bestickt sind und bei der ich immer an Phileas Fogg und die *Reise um die Erde in achtzig Tagen* denken muss; und auf dem Kopf haben sie kleine weiße, rund um ein scharlachrotes Käppchen geschlungene Turbane.«

Andere Reisende mit mehr Beziehungen, Glück oder Vermögen, erleben die Nilfahrt so, wie man sie sich nur erträumen kann. Loti tritt die Reise in einer luxuriösen Dahabiya an, die ihm vom Khediven zur Verfügung gestellt wird: »Ich habe einen wunderbaren orientalischen Salon, voll mit Perlmuttmosaiken, den man mit Rosen füllt; ein Heer von Dienern. [...] Der Zauber, abends am Etappenziel anzukommen, seine Dahabiya irgendwo an der Uferböschung des alten Nil vor einem Dorf oder sonstwo auf weiter Flur zu vertäuen ...« Louis Bertrand, der die gute Idee hat, im Mai zu reisen, fährt mit einem Cook-»Touristendampfer«, der als solcher jedoch nicht im Einsatz ist, sondern nur Waren und einige ägyptische Soldaten und Bauern transportiert. Er kann unter vierzig Kabinen wählen und zählt vier Badezimmer sein Eigen. Von dieser Reise bis Assuan hinterlässt er einige der schönsten Seiten, die jemals über den Nil geschrieben worden sind: »Die unvergleichliche Schönheit des Niltals entsteht durch die fast geometrische Einfachheit seiner Struktur. Ebene Flächen, um das Licht zu sammeln, spitze Winkel, um es zu brechen, dann wieder parallele Linien, um die Perspektive ins Unendliche zu führen – mit diesen so kärglichen Elementen werden Farbharmonien und -melodien einer unvergleichlichen Pracht und Weite geschaffen. Das Meer und die Wüste sind die zwei großen Spiegel des Himmels. Das Niltal hat beide: seinen Fluß und seine Wüste, in denen sich alle Färbungen des Tages sammeln, intensivieren und wieder verblassen.«

Endlich tauchen im Osten die Ruinen von Karnak auf und im Westen, am Fuß der libyschen Bergkette, erahnt man jene des Ramesseum sowie die Memnon-Kolosse: Das Boot nähert sich Luxor. Für viele ist das alte Theben der Höhepunkt der Reise. Seit der frühen Kindheit träumt man, ein Grab im Tal der Könige zu betreten und im riesigen Tempel von Karnak herumzuspazieren. Hier bleibt man zumindest drei Tage. Die Schiffspassagiere schlafen an Bord, und die anderen, die im Zug oder sogar im Wasserflugzeug gekommen sind, steigen bevorzugt im

LINKE SEITE ▪ Das Hotel Winter Palace in Luxor in den 1930er Jahren.

Oberägypten

Winter Palace ab, das 1906 eröffnet, von einem Franzosen, Monsieur Pagnon, gegründet und geführt wird, der im *Guide Joanne* als »sehr entgegenkommend im Umgang mit Gelehrten und Künstlern« beschrieben wird. Im darauf folgenden Jahr wettert Pierre Loti: »Schon aus zwei Meilen Entfernung überragt ein Gebäude alles andere, das Winter Palace, ein eiliges Produkt unserer modernen Zeit, das seit vergangenem Jahr am Nil herangewachsen ist, ein gewaltiges Hotel aus unechtem Material, Gips und Lehm, auf einem Eisengerüst gebaut. Zwei oder dreimal höher als der wunderbare Tempel des Pharao ragt seine schändliche Fassade, bepinselt mit einem schmutzigen Gelb, in die Höhe. Und natürlich reicht so etwas, um die gesamte Gegend erbärmlich zu verunstalten; auch wenn die alte, kleine, arabische Stadt noch steht, mit ihren weißen Häuschen, ihrem Minarett und ihren Palmen; auch wenn sich der berühmte Tempel, der Säulenwald der Osiris wie einst in den Wassern des Flusses spiegeln, aus ist es mit Luxor!« Andere, weniger störende Hotels waren schon ab den 1870er Jahren gebaut worden. Luxor ist neben Venedig eines der ältesten Touristenzentren der Welt. Zu Beginn des 20. Jahrhunderts gibt es unzählige Souvenirläden: Fliegenwedel werden ebenso verkauft wie Korkhelme, falsche Sarkophage und echte Mumienteile, Binden, Füße und Hände von ausgetrockneten Leichen. Man trifft dort die »Cook'schen Heerscharen«, aber auch die Crème de la crème der internationalen Highsociety: »Von den gleichen Couturiers bekleidet, mit den gleichen Federbüschen auf dem Kopf und dem gleichen Sonnenbrand auf der Nase, sieht man ultrareiche Kaufmannstöchter aus Chicago neben adeligen Hoheiten«, erzählt Pierre Loti.

Bis in die Dreißigerjahre verkehrt man von Tempel zu Tempel, am rechten wie am linken Ufer, auf dem Esel, seltener auf dem Pferd oder in der Kutsche. Manche lassen sich auch in der Sänfte durch das Tal der Toten tragen … Die Esel sind vor den Hotels und bei den Anlegestellen des rechten Ufers stationiert. Auf den vier oder fünf Kilometern zwischen linkem Ufer und den ersten Tempeln und danach auf den gewundenen Pfaden der Täler folgt der Eseltreiber seinem Esel und seinem Kunden zu Fuß, oft laufend. H. R. bewundert »diese drahtigen und dürren Leute, die nach einer Stunde Laufen genauso unverbraucht [erscheinen] wie am Anfang, deren braune Stirn kaum feucht [ist]«. Die »Beduinentherapie«, über die sich Pierre Loti lustig machte, behagt nicht nur reiferen Engländerinnen: André Gide, noch ein Literaturnobelpreisträger, widmet ihr bei seiner ersten Ägyptenreise 1939 einen Großteil seines Luxor-Aufenthaltes: »Zauberhafter kleiner Eseltreiber an der Seite meines Esels, jederzeit bereit, dass ich mich von meinem Sattel herunterbeuge, um ihn zärtlich zu berühren. Er heißt Jouseph.« Als argloser Anhänger des »Sextourismus« zu einer Zeit, wo sich darüber niemand entrüstet, ist André Gide der Reisende mit den meisten Skandalen und dem geringsten Herdentrieb. »[…] ein Land gefällt mir nur dann, wenn sich viele Gelegenheiten zur Unzucht bieten«, notiert er in Luxor am 3. Februar 1939 in sein Tagebuch. Eine umso pikantere Offenherzigkeit, da der Schriftsteller zu jener Zeit siebzig Jahre alt ist … Und an Gelegenheiten fehlt es nicht, wie auf den Tagebuchseiten nachzulesen ist. Der junge Ali von der Straße, der jugendliche Eseltreiber auf dem Weg zu den Tempeln, Hilfsgärtner und Mechanikerlehrling im Hotel: Im Gegensatz zu den meisten Touristen hat André Gide in Ägypten die Menschen wohl gekannt und geliebt.

Theben erlebt zu jener Zeit eine intensive Ausgrabungsphase. Die wichtigsten Tempel sind restauriert, die Gräber entdeckt. 1900 wird der Tempel von Medinet Habu vollkommen freigelegt. In Karnak werden die Arbeiten französischen Archäologen anvertraut. Georges Legrain, der sie von 1895 bis 1917 leitet, baut die Säulen des Großen Säulensaals wieder auf. 1907 führt er Maurice Barrès durch sein Reich und zeigt ihm die Grabkammern im Tal der Könige. Dieser notiert darüber: »An der Schwelle zum Grab des Sesostris küsst der Eseltreiber, den Legrain geschlagen hat und der darüber in Tränen ausgebrochen ist, ihm die Hand.« Wieder zurück in Karnak trifft Barrès zu seiner Überraschung den Musiker Camille Saint-Saëns.

Während Legrain ein anerkannter Fachmann ist, kann jeder Amateur, so er Vermögen und Beziehungen hat, patentierter Archäologe werden. So war es bei Lord Cranarvon, der, als Protegé des Generalkonsuls Cromer 1903 eine Grabungserlaubnis für das Gebiet um das Tal der Könige bekommt. Aufgrund seiner mangelnden Fachkenntnisse engagiert er schließlich den talentierten Howard Carter. Lady Carnavaron wird unterdessen in Luxor für ihr extravagantes Äußeres, wie hochhackige Lackschuhe und aufwändiger Schmuck mitten in der Wüste, berühmt … Carnavaron wird einer der wichtigsten Sammler von ägyptischen Altertümern und finanziert durch den Verkauf des einen oder anderen Objekts einen Teil der Ausgrabungen. »Wenn man davon ausgeht, dass ganz Ägypten nichts anderes als ein riesiges Bestattungsunternehmen ist«, schreibt Rudyard Kipling, »was gibt es Faszinierenderes, als von der Regierung die Erlaubnis zu erhalten, in irgendeiner Ecke herumzuwühlen, eine Firma zu gründen und die kalte Jahreszeit damit zuzubringen, die Dividenden in Form von Amethyst-Halsketten, Lapislazuli-Skarabäen, Töpfen aus reinem Gold und Teilen unschätzbarer Statuen zu bezahlen?« Mit gewohnter Scharfzüngigkeit beschreibt Kipling, wie die Touristen jener Tage die Gräber besichtigen:

RECHTE SEITE ■ Das Filmteam von *Fires of Fate*, angeführt vom englischen Regisseur Tom Terris, 1923 im Tempel von Luxor.

OBERÄGYPTEN

VORHERGEHENDE DOPPELSEITE ▪ Eine Segel-Dahabiya, ab 1880 Prunkstück der Cook'schen Flotte. Sie wurde von einer Familie oder Freundesrunde gemietet, hatte keine fixe Reiseroute und wurde monatlich bezahlt.
RECHTS ▪ Die Mannschaft einer Touristen-Dahabiya, aufgenommen von dem aus Italien stammenden Fotografen Antonio Beato (1840–1905), der sich in Luxor in den 1860er Jahren niederließ und dort bis zu seinem Tod lebte.

▪ Eine Dahabiya auf einer Aufnahme von Antonio Beato.
»Wenn man mehr vom Land sehen möchte, kann man eine Dahabiya nehmen, vorausgesetzt man hat es nicht eilig (bis Assuan 7 bis 8 Wochen hin und retour) und fürchtet nicht die beträchtlichen Mehrkosten […]. Wenn man auf einer Dahabiya reist, sollte man bei der Wahl seiner Reisegefährten noch sorgfältiger sein. Man darf nicht vergessen, dass man mit ihnen zwei Monate lang alles teilen muss und dass Touristen, die sich nicht für die großartigen Ruinen der Antike und für ihre Geschichte interessieren, die ganze Freude an der Reise zunichte machen können. Vor der Abfahrt ist es ratsam, für die Wahl der Kabinen sowie der Plätze auf dem Diwan das Los entscheiden zu lassen und auf der Fahrt die Regeln genauestens einzuhalten.« (*Guide Baedeker,* 1898)

OBERÄGYPTEN

▪ 1938 genießen die Passagiere ihre Nil-Kreuzfahrt an Deck der *Egypt* – einer der Touristendampfer der Gesellschaft Cook. Dabei können sie überprüfen, ob die Firmenbroschüre Recht hatte: »Die Decks sind wie die Veranden eines Landhauses angelegt mit einem geräumigen Promenadendeck, auf dem Rauchsalon, Salon und großer Aussichtssalon untergebracht sind. Durch die Fenster von letzterem kann man sehr gut die malerischen Szenen entlang des Flusses verfolgen.« Ahnen die Passagiere, dass diese Schiffsreise eine der letzten sein wird? Einige Monate später beendet der Zweite Weltkrieg jeglichen Tourismus, und die Dampfer werden von den britischen Behörden als Kasernen eingezogen. Nie wieder sollten sie ihre Fahrt aufnehmen. Nach dem Krieg wird einer der einstigen Touristendampfer, die *Arabia*, in ein schwimmendes Hotel verwandelt, das in Kairo vor Anker liegt, andere werden von Privatpersonen gekauft und als Wohnung genutzt, die meisten jedoch enden in der Verschrottung.

OBERÄGYPTEN

▪ Ägypten bietet nicht nur die reglosen Bilder einer toten Kultur. Für gewisse Reisende,
wie André Gide, der sie genießt, und angesehene Ladies, die nicht widerstehen können, hält die Reise
auch manch sinnliches Aufeinandertreffen bereit … Das Bild eines anonymen
Fotografen wurde 1954 aufgenommen.

OBERÄGYPTEN

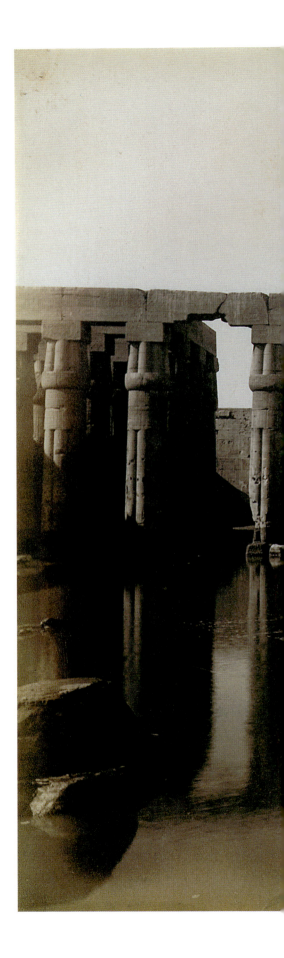

▪ Der Säulenhof des Amenophis III. im Amun-Re Tempel in Luxor,
Fotografie von Antonio Beato zur Zeit des Hochwassers Ende des 19. Jahrhunderts.
Erst ab 1902 hilft ein erster Staudamm in Assuan, die flussabwärts
liegenden Denkmäler vor dem Nil-Hochwasser zu bewahren.
Schon 1907 beklagt sich Pierre Loti über das, was er in Luxor sieht:
»Wenn man in diesem riesigen Heiligtum nur einmal Ruhe fände! Aber nein,
zwischen den entweihten Säulengängen rennt ein Haufen Leute umher, den *Baedeker*
in der Hand, genau die Leute, die man schon überall gesehen hat, die gleichen
wie in Nizza oder an der Riviera. Und zum allerhöchsten Hohn wird man vom
Krach der Dynamos verfolgt, denn auch die Schiffe der Agentur Cook
sind da, liegen am nahen Ufer vertäut.« *(La mort de Philae)*

OBERÄGYPTEN

OBEN ▪ Pierre Lacau, von 1914 bis 1936 Direktor des *Service des antiquités de l'Égypte,* der staatlichen Altertümerverwaltung, bei einer Graböffnung in Deir el-Medineh.

RECHTE SEITE ▪ Die Taharka-Säule in Karnak um 1900. Von 1895 bis 1917 restauriert der französische Archäologe Georges Legrain, der die Ausgrabungsarbeiten in Karnak leitet, den gewaltigen Tempelkomplex, insbesondere den großen Säulensaal, in dem er die riesigen Säulen wieder aufbaut.

Eine Touristin liest in einem Tempel in ihrem Reiseführer, 1920er Jahre.

OBERÄGYPTEN

▪ Picknick in einem Palmenhain, Anfang des 20. Jahrhunderts.
Während der ersten Jahrzehnte des vergangenen Jahrhunderts verpflegen
sich die meisten Touristen direkt am Ausflugsort, oft sogar in den
Tempeln oder Grabkammern: »Man kann jetzt die Mahlzeiten
entweder im Rest House Cook bei Deir el-Bahari zu sich nehmen«, ist im
Guide Bleu in dem Kapitel über Luxor zu lesen, »oder in jenem des Ramesseum;
in beiden findet man Sessel, Tische und kühle Getränke. Wer diese
Einrichtungen nicht in Anspruch nehmen will, sondern die Mahlzeiten
lieber in den Totenstädten abhängig von den Besichtigungen isst, muss dies
am Vorabend im Hotel bekanntgeben, damit zur kalten Mahlzeit noch
eine Wasserflasche vorbereitet wird.«

OBERÄGYPTEN

VORHERGEHENDE DOPPELSEITEN ▪ Zwei Ansichten von Luxor, Fotografie von Antonio Beato.
OBEN ▪ In den Ruinen von Kom Ombo, ungefähr fünfzig Kilometer nördlich von Assuan, um 1900.
RECHTS ▪ Eine amerikanische Touristengruppe im Tempel von Luxor, 1935.

Oberägypten

»Es gibt ein Tal mit rot- und braungetönten Felsen und Steinen, das den Namen ›Tal der Könige‹ trägt, wo ein kleiner Ölmotor den ganzen Tag lang vor sich hinhustet, um Strom aus sich herauszuquetschen und damit hundert Fuß unter der Erde die Gesichter der toten Pharaonen zu beleuchten. Während der Touristensaison stehen im ganzen Tal Kremser, Esel und Sandkarren herum und da und dort erschöpfte Paare, die, aus der Prozession ausgetreten, sich schweißgebadet in irgendeinem Rest von Schatten Luft zufächeln. Zu den Gräbern des Tales gehören die Gräber der Könige, sorgsam nummeriert wie Mineneingänge, mit Zementstufen, die zu ihnen hinaufführen, Eisengittern, die nachts geschlossen werden, und Pförtnern der ›Section des Antiquités‹, die die unerlässlichen Karten verlangen. Man tritt ein und von Tiefe zu Tiefe hört man die sonoren Stimmen der Dragomanen, wie sie nacheinander die Namen und Titel der illustren und übermächtigen Toten aufzählen. In den Fels gehauene Stufen führen in eine warme Finsternis hinab, die Luft steht, Gänge winden sich schlangenförmig und enden zum Teil als Sackgassen, von denen – so heißt es – die gewitzten Erbauer in ihrer Blauäugigkeit erhofften, dass die zukünftigen Diebe diese für echte Gräber halten würden. Lärmend ziehen in diesen Gängen alle Rassen Europas und ein gut Teil der USA hinauf und hinunter. Dann werden ihre Schritte plötzlich auf dem Boden eines Saales gedämpft, der mit uraltem Staub bedeckt ist; kein Wind wird ihn jemals zum Tanzen bringen. Sie heben die Augen zum wappenverzierten Himmel, bücken sich zur eingehenden Betrachtung der minuziös geschmückten Wände, recken die Hälse, um die düstere Pracht eines Gesimses zu untersuchen, halten den Atem an und kriechen wieder zur unbarmherzigen Sonne hinauf, um in den nächsten, vom Programm vorgegebenen Eingang einzutauchen. An der Hast in ihren Bewegungen, die irgendwo zwischen der zögerlichen Zurückhaltung eines dem Feuer ausgesetzten Menschen und dem Aussehen von Minenbesuchern liegen, kann man erraten, was sie gerne sagen würden. Klar und deutlich ist es ein ›Sollten wir nicht weitergehen?‹ Denn schließlich ist es für den Menschen nicht selbstverständlich, unter der Erde zu sein, außer aus geschäftlichen Gründen oder für die letzte Reise.«

Zu jener Zeit steht auf dem Westufer noch kein Hotel. 1897 hatte die in Annehmlichkeiten sehr findige Agentur Cook ein *rest house* beim Tempel von Deir el-Bahari eröffnet. Es bietet den Touristen die Möglichkeit, sich zu stärken, und vor allem den Damen, sich in ziemlich komfortablen Toiletten wieder frischzumachen. Die anderen Touristen sollten ihr Mittagessen – eine kalte Mahlzeit, die vom Hotel vorbereitet wird – noch einige Jahrzehnte hindurch in den Ruinen verzehren, bevor ein zweites *rest house* für alle beim Ramesseum eröffnet wird. Ohne Hotel wird das Ufer der Toten bei Einbruch der Nacht das, was es sein soll. Jenseits des Nils jedoch, in den Tempeln von Luxor oder Karnak, unterziehen sich die Touristen vor oder nach dem eleganten Diner im Winter Palace dem Ritual des Spaziergangs bei Sonnenuntergang oder Mondschein. »Außerdem kommen Leute wegen des Mondes hierher«, schreibt Pierre Loti. »Ich kann mir gut vorstellen, wie sie in Luxor, eine Meile von hier entfernt, hastig von ihren Tischen aufgestanden sind, aus Angst, das berühmte Schauspiel zu versäumen. […] Die Nachtwächter […] sind schon dabei, die Gitter für die Touristen zu öffnen, die ihre Legitimationskarten vorzeigen und Kodakkameras und Magnesium für den Blitz, den ganzen Plunder also, in die Tempel hineintragen. Später, auf dem Rückweg nach Luxor, treffe ich dann auch unter Palmen, die es hier überall gibt, und in der Wüste die große Menge, die Masse der Neuankömmlinge; eine Schlange von Wagen und Leuten zu Pferd oder auf armen Eseln; Stimmengewirr in allen möglichen Sprachen außer ägyptisch. Man fragt sich: Was ist hier los? Ein Ball, ein Fest, eine große Hochzeit? – Nein. Es ist nur Vollmondnacht in den Ruinen von Theben.«

Freitag, 14. Februar 1902, um vier Uhr morgens verlässt die Memphis Luxor, mit an Bord H. R. auf dem Weg nach Nubien. Das Schiff läuft zweimal auf Sand auf, bevor es am gleichen Tag um 11 Uhr 30 die Zwischenstation Esna erreicht. In der Tat berichten die Reisenden unabhängig von der Jahreszeit bis in die 1930er Jahre vom Auflaufen ihres Schiffs auf den Sandbänken. Mit langen Bootshaken bekommen die Matrosen das Schiff wieder frei, und die Fahrt kann weitergehen. Der optimistische H. R. denkt, dass jene Araber, die beauftragt sind, den Fluss abzusuchen, um derartige Missgeschicke zu vermeiden, bald den Beruf wechseln müssten: »Die Engländer, die in Ägypten eindeutig die Herren sind, bauen in Siut und in Assuan Staudämme, die den Nil so hoch werden lassen, dass Dampfer den Fluss zu jeder Jahreszeit gefahrlos befahren werden können.«

Der Assuan-Staudamm soll den Nil-Wasserstand von Assyut bis Nubien das ganze Jahr über regulieren. Die 1898 begonnenen Arbeiten werden 1902 fertig gestellt. Leider stellt sich dieser »größte Staudamm der

RECHTE SEITE ▪ Der Archäologe Howard Carter (Mitte) und seine Assistenten in der Grabkammer von Tutanchamon, 12. Februar 1924. Die Entdeckung dieses Grabes durch den Archäologen im November 1922 – ein Ereignis, von dem die Presse in der ganzen Welt berichtete –, verstärkte die Faszination Ägyptens und gab dem ägyptischen Tourismus neuen Aufschwung.

Oberägypten

Welt«, der einen künstlichen See mit einer Milliarde Kubikmeter Wasser entstehen lässt, sehr schnell als unzureichend heraus. Und im Februar 1927 passiert trotz einer ersten Erhöhung des Damms 1912 dem Cook-Dampfer, auf dem Jacques Boulenger reist, an derselben Stelle das gleiche Malheur: »Bei sehr niedrigem Nilwasserstand verlassen wir Luxor, geführt von einem arabischen Lotsen. Einige Kabellängen vom Quai entfernt setzt er uns auf eine Sandbank.« Eine dritte Erhöhung des Damms wird 1934 fertig gestellt, mit seinen 41,5 Metern ist er nun doppelt so hoch wie zu Beginn. Doch für Nasser und seine hoch fliegenden Industrialisierungspläne ist das noch immer nicht genug: Mit Geldern aus der Sowjetunion wird oberhalb des ersten ein neuer »Hochdamm« gebaut. Nach seiner Fertigstellung im Jahr 1971 entsteht ein See mit 157 Milliarden Kubikmetern Wasser, der hunderte von nubischen Dörfern verschlingt.

Nach Zwischenstationen bei den Tempeln von Esna, Edfu und Kom Ombo erreichen die Reisenden Assuan. Der Bau des ersten Staudamms hatte eine jahrtausendealte Landschaft gerade einschneidend verändert. Zum ersten jene der Nilkatarakte, über die frühere Reisende ins Staunen gerieten. »Katarakt« wurde hier eine Abfolge von Strudeln und Wirbeln im Flussbett genannt, die durch eine Unzahl von Felsen und kleinen Inseln entstanden. Der erste erstreckte sich über mehrere Kilometer zwischen der gegenüber der Stadt Assuan gelegenen Insel Elephantine und der Insel Philae. In der Folge des Staudamms, der nun den Fluss reguliert, verschwindet er 1902, während im gleichen Jahr auf seiner Höhe eines der berühmtesten Hotels Ägyptens seine Pforten öffnet – das Cataract Hotel. Fünf Jahre später kann sich Pierre Loti eine ironische Bemerkung zu diesem Köder nicht verkneifen; »Man weiß, dass es in Assuan keinen Katarakt mehr gibt: Die Schutzmacht Albion hat ganz vernünftig entschieden, dass es mehr wert sei, dieses unnütze Spektakel zu opfern und für einen besseren Bodenertrag die Wasser des Nil mit einem künstlichen Damm aufzustauen: ein solides Mauerwerk, das [nach den Worten des *Program of pleasure trips*] *affords an interest of very different nature and degree* [sic]. Dennoch wünschten sich Cook and Son – Industrielle mit einem Hang zur Poesie, wie jeder weiß –, dass die Erinnerung an diesen Katarakt fortlebe, und gaben seinen Namen einem Fünfhundert-Zimmer-Hotel, das durch ihr Wirken gegenüber diesen, heute zum Schweigen gebrachten Felsen, über die der alte Nil so viele Jahrhunderte lang hinweggesprudelt ist, entstand. Cataract Hotel, das erweckt noch immer Illusionen, oder? Und zudem macht es sich gut als Briefkopf auf dem Papier.«

Der Staudamm hatte bei seiner Errichtung eine noch verheerendere Auswirkung: Er überflutete die Insel Philae, die aufgrund der Schönheit und Bedeutung ihrer antiken Denkmäler, darunter der Isis-Tempel und der Trajans-Kiosk, den Beinamen »Perle Ägyptens« trug. Ab 1902 besichtigt man die Insel siebzig Jahre lang im Boot, mit dem man zwischen den aus dem Wasser auftauchenden Spuren hindurchfährt und dabei versucht, sich den darunter liegenden Rest vorzustellen. Nach der letzten Erhöhung des Damms sieht man zwei Monate lang nur mehr die oberste Spitze des ersten Pylons des Isis-Tempels. Auch wenn sich Pierre Loti wieder einmal darüber empört, haben andere, wie der kriegerische Maurice Barrès, nichts dagegen einzuwenden: »Wenn Philae untergeht, ist das lustig, witzig, amüsant, denn es ist nichts Nobles, das da verschwindet.« Und viele, wie Claude Aveline, schätzen den romantischen Zauber dieser Wasserruinen als willkommene Abwechslung in der Monotonie der ewig gleichen Tempel: »Ich bin der Tempel, die fast alle gleich und deren ewiggültigen Prinzipien irgendwann langweilig sind, ein bisschen überdrüssig; deshalb nehme ich heute die befremdlich anmutende Neuheit dieser vom Fluss überschwemmten Denkmäler ohne Gram hin.«

Mit der Wahl von *La mort de Philae* als Titel für seine gesammelten Ägyptenartikel beweist Pierre Loti hingegen, dass er wohl ahnt, wie sehr diese Überflutung für das Ende einer Epoche und den Eintritt des Landes in eine Moderne steht, die er hasst. Für ihn stirbt in Assuan ein fünftausend Jahre altes Ägypten: jenes Ägypten, das nach dem Rhythmus des Nil-Hochwassers und seiner jährlichen Überschwemmungen gelebt hat. Der »Nile« müsste man sagen, denn das Wasser des blauen Nil – das Assuan Ende Mai und Kairo Mitte Juni erreichte – kam ungefähr drei Wochen vor jenem des weißen Nil. Es begann sich dann auszubreiten, bis es das gesamte Tal bis zum Fuß der beiden Bergketten bedeckte. Auf dem Land wie in der Stadt lebte man den ganzen Sommer lang in Barken. Im Herbst begann das Wasser abzufließen, und im November hatte es sich wieder in sein Bett zurückgezogen und auf den Feldern seinen überaus fruchtbaren Schlick zurückgelassen. Bis zur nächsten Überschwemmung

LINKE SEITE ■ Assuan, Ende des 19. Jahrhunderts. »Assuan zählt zu den interessantesten Städten von Oberägypten, und zwar aufgrund seiner malerischen Lage und der Buntheit seiner 9000 bis 10000 Seelen zählenden Einwohnerschaft, die Araber, Berber, Neger, Bischarin und Ababde umfasst. Auf seinem Basar mit dem reichen Angebot an Produkten aus dem Sudan – Gummi, Federn, Felle, Waffen, großer Goldschmuck, Färbeholz etc. – fühlt man sich wie auf einen Markt in Äquatorialafrika versetzt. Der Quai, einstmals sehr malerisch, hat in den letzten Jahren viel verloren; jetzt steht dort ein neues Gebäude neben dem anderen, darunter ein Hotel, es gibt Läden aller Art und die unvermeidlichen Auslagen der Kuriositätenhändler.« (*Guide Joanne,* 1900)

sank der Wasserspiegel dann weiter. Plötzlich ist dieser tausendjährige Ablauf zerstört. Seitdem Ägypten seinen Fluss gezähmt hat, lebt es nach dem zeitlichen Rhythmus der Welt.

Der Bootsausflug nach Philae bleibt die Hauptattraktion von Assuan. Dann besucht man noch den Staudamm, das Nilometer und andere Spuren der Insel Elephantine, die alten Granitsteinbrüche und die Ruinen des Simeonsklosters. Man kauft ausgestopfte Krokodile (die lebenden sollten im Stausee nicht überleben) und macht unzählige Fotos von den Nubiern. Jacques Boulenger schildert eine banale Szene mit einem Cook-Touristen namens Riges vor seinem Nil-Dampfer, die die Auswüchse des Tourismus widerspiegelt: »Sein Fotoapparat funktioniert wie eine Winchester. Er hält eine kleine, in buntes Baumwolltuch gehüllte Negerin mit großen Ohrringen an (Silber auf schwarzer Haut baumelnd, zauberhafter Effekt), Foto, Bakschisch. Angesichts des Objektivs verbirgt eine alte Hexe entrüstet murrend ihr Gesicht hinter der Hand: Bakschisch, Foto. Da taucht ein Kameltreiber in Orange und Grün auf, neben ihm sein Dromedar; und schon ist er im Kasten: Bakschisch. Vier Kinder betteln um Geld; da ist es: Foto. Sieben andere laufen herbei … Riges geht mit großen Schritten davon. Die Händler stehen auf und belagern ihn: Er fotografiert sie und geht. Jetzt ist er auf dem Ponton. Ein Matrose staubt seine Schuhe ab, während er mir fröhlich zuruft: How are you?« »Der Nubier« ist eine ethnische Kuriosität, er »steht dem Ägypter nach an Fleiß und Energie (besonders im Bodenbau)«, wird im *Baedeker* erklärt, »er ist auch weniger stark, fanatischer und abergläubischer als letzterer […]. Dem Ägypter aber hat der Nubier ein höher entwickeltes Selbstgefühl und mehr Sauberkeit, Verträglichkeit und Ehrlichkeit voraus.« Um derartige Nuancen wenig bemüht, meint der zartfühlende Maurice Barrès schon vor seiner Ankunft in Assuan schlicht: »Es riecht hier schon nach Neger.«

Dann kehrt man ins Hotel zurück. Abends im Cataract, im Grand-Hôtel Assouan oder im Savoy diniert man im Smoking. Vielleicht gönnt man sich – endlich – einen letzten Mondscheinspaziergang auf der Corniche: »In diesem Augenblick kann man feststellen, wie gastfreundlich manche Eingeborene geworden sind«, vermerkt Pierre Loti scheinheilig. »Wenn man, kurz von Schwermut gepackt, allein am Nil spazierengeht und eine Zigarette raucht, ist man immer von jemandem belagert, der, in völliger Verkennung der Ursache dieses Gemütszustandes, einem sofort mit berührender Naivität anbietet, einem die fröhlichsten, jungen Leute seines Landes vorzustellen.«

Vielleicht ist das die letzte Gelegenheit für ein schönes Treffen … Denn tatsächlich ist Assuan für viele die letzte Station, bevor es wieder heimwärts geht. Die meisten Cook-Touristen lassen es bei diesem nubischen Grenzgebiet bewenden. Diejenigen, die weiter nach Süden vordringen möchten, müssen das Schiff wechseln: »Wenn man nach Abu Simbel oder Wadi Halfa fahren will, gibt es eine andere Linie«, wird in der Cook-Broschüre erläutert. »Bei der Weiterfahrt auf dem Nil durchquert der Reisende einen Teil von Nubien, einen wilden und nahezu unbewohnten Landstrich. Die Linie wird nun von Tewfik bedient und mit genauso viel Sorgfalt betreut wie unsere übrigen Touristendampfer. Es gibt 42 Erste-Klasse-Kabinen.« Vom ersten bis zum zweiten Katarakt dauert diese Kreuzfahrt acht Tage. Man besteigt das Boot oberhalb des Staudamms in Schellal und erreicht am vierten Tag Wadi Halfa. Die kleine Stadt, seit 1899 unter englisch-ägyptischer Kontrolle, liegt an der Grenze zum Sudan und ist der Ausgangspunkt einer Eisenbahnlinie bis nach Khartum. Kipling sieht in ihr nur »die verschrumpelte Schale einer Stadt ohne ein anständiges Hotel«. Die Stromschnellen und Wasserfälle des zweiten Katarakts, der sich hier über ungefähr fünfzehn Kilometer erstreckt, bleiben mit einigen seltenen Krokodilen ihre Hauptattraktion. Der Tradition gemäß sollte man den Felsen von Abusir erklimmen, eine Anhöhe, die dem gewöhnlichen Touristen eine Aussicht auf Katarakt und Wüste bietet und Agatha Christies Hercule Poirot die Möglichkeit, die sympathische Mrs. Allerton diskret zu interviewen. »Unendlich viele Besucherinschriften bedecken den Felsen; unter den berühmten Namen ist jener von Champollion«, schreibt Georges Bénédite 1900, der hier wie an anderen Stellen auch fünfzig Jahre später Wort für Wort in den *Guide Bleu* übernommen wird.

Oft werden die beiden Tempel von Abu Simbel erst auf dem Rückweg nach Assuan besichtigt. Der nördliche Koloss des großen Tempels von Ramses II. ist bis in die 1920er Jahre mit Sand bedeckt. Aber das Wichtigste ist sichtbar, und man kann ihn betreten, so wie Kipling 1913: »Dort sitzen vier riesige Gestalten, jede zwanzig Meter hoch, mit den Händen auf den Knien und warten auf den Tag des letzten Gerichts. Zu ihren Füßen breitet sich ein kleines grün-blaues Weizenfeld aus. Es sieht aus, als würden sie hinter sich das ganze Gewicht der Wüste aufhalten, die trotzdem auf einer Seite als Schwall aus orangem Sand überläuft. Dem Touristen wird geraten, hier den Sonnenaufgang zu erleben, entweder im Tempelinneren, wo das Licht auf einen von Ramses zu seinen eigenen

RECHTE SEITE • Der erste Assuan-Staudamm, um 1950. Es handelt sich dabei um den 1902 in Betrieb genommenen Damm, so wie er ab 1934 ausgesehen hat, nachdem er zweimal erhöht worden war. 1957 ließ Nasser flussaufwärts ein noch viel gewaltigeres Bauwerk, den so genannten »Hochdamm«, errichten.

Ehren erbauten Altar fällt, oder draußen, wo eine andere Kraft die Führung übernimmt.« So wie die Tempel von Philae werden jene von Abu Simbel vor der Inbetriebnahme des Assuan-Hochdamms demontiert und übersiedelt.

Im Zweiten Weltkrieg werden alle Kreuzfahrtschiffe beschlagnahmt und in sehr reelle schwimmende Kasernen verwandelt. 1950 werden im *Guide Bleu* die Touristen gewarnt: »Die Nil-Fahrt ist der älteste und natürlichste Weg, um Ägypten zu besichtigen und kennen zu lernen, aber seit dem Krieg haben die meisten Gesellschaften ihre Fahrten eingestellt, und man weiß noch nicht, wann sie wieder aufgenommen werden.« Keiner der alten Cook-Dampfer sollte je wieder in Betrieb gehen: sie werden aufgegeben oder an Privatpersonen verkauft. Viele Jahre hindurch wird sich der Tourist für die Besichtigung des Niltals mit dem Landweg begnügen müssen.

Wieder in Kairo oder in Alexandria angelangt, endet die Reise. Am Freitag, den 28. Februar 1902 um 15 Uhr besteigen H. R. und seine Begleiter im Hafen von Alexandria die *Équateur*, ein Dampfschiff der Messageries Maritimes, die an diesem Tag auch Post und Tomaten transportiert: »Die Reise ist zu Ende, ganz und gar zu Ende, eine zauberhafte Reise […], eine Reise, auf der ich nicht eine Enttäuschung erlebt, auf der sich alles, was ich erwartet habe, als interessanter, schöner, überwältigender erwiesen hat, als ich es mir vorgestellt habe, auf der der Traum von der Realität übertroffen worden ist […], Stunden also, die zu jenen schönen Augenblicken des Lebens gehören, die einen noch lange, nachdem sie vergangen sind, faszinieren.« Allerdings, zurück in Frankreich und im Zug auf dem Weg in sein geliebtes Burgund, kann H. R. nicht umhin, die »Pappelalleen an den Bächen« mit den »über den Dörfern wiegenden Palmen« und »die wellenförmige Hügellandschaft« mit den »langen, ebenen Ufern des großen Flusses« zu vergleichen, um sich schließlich an »den Satz des alten Heinsius zu erinnern: ›Nach dem Himmel gibt es kein schöneres Reich als dich, oh Frankreich, oh du süßes Frankreich!‹«

Schon zur Zeit seiner letzten Könige überlässt Ägypten seine Schätze der Habgier der *tour-operators*. Aus der Reise wird eine »Rundreise«, die den misstrauischen, gehetzten und faulen Touristen, die Wert darauf legen, dann zurückzusein, wann sie es entschieden haben, besser entspricht. Sie ziehen es also instinktiv vor, nichts vom Leben in dem Land, das sie bereisen, zu verstehen und sich mit keinem Menschen anzufreunden. Dafür eignet sich Ägypten hervorragend, kann es doch mit einer Fülle von berühmten Toten und wunderschönen Ruinen aufwarten. Deshalb sind die meisten Anhänger dieser neuen Besichtigungsart, letzten Endes gelangweilt durch die Monotonie dieser leblosen Schönheiten, gleichzeitig zufrieden, sie alle gesehen zu haben und glücklich, in ihr »süßes Frankreich« oder ihr *sweet home* zurückzukehren. Für die immer seltener werdenden echten Reisenden ist das Schauspiel, das sie bieten, umso trauriger als es zu jener Zeit neu ist. Und umso unerträglicher als sich mit ihm eine zerstörerische Infrastruktur ausbreitet, die bis dato unberührte Plätze ihrer Harmonie beraubt. Man kann sich Pierre Lotis Entsetzen, ja Verzweiflung vorstellen, würde er in das heutige Ägypten zurückkehren, wo man einen McDonalds in Pyramidenform vor den Eingang des Tempels von Luxor baut oder in einem kleinen Zug in den Farben von Coca-Cola in das Tal der Könige gefahren wird … Aber Pierre Loti, allein an Bord seiner privaten Dahabiya, berauscht vom Rauch der Wasserpfeife in der »wunderbaren Nacht am Nil, vor sich einen kleinen arabischen Kaffee, während die Muezzine rufen« weiß, dass Ägypten für jene, die es wirklich entdecken wollen, auch unantastbare Schätze bereithält. Für die, die das Betrachten genießen, ohne die Zeit zu messen, die abseits von Cooks ausgetretenen Pfaden sich dem Lächeln eines gastfreundlichen Volkes öffnen. Das ist die Reise, die damals zwischen zwei Verzweiflungsanfällen sowohl Pierre Loti als auch Louis Bertrand oder Robert d'Humières beschreiben. Für sie und bis heute für jene, die ihnen mehr oder weniger ähnlich, ist das echte Ägypten nicht zu verkaufen, sondern stets wert, geliebt zu werden.

Oberägypten

SEITE 209 ▪ Der Trajans-Kiosk auf der Insel Philae. Ab der Inbetriebnahme des Staudamms 1902 wurde die »Perle Ägyptens« jährlich mehrere Monate lang teilweise überschwemmt. »Bevor man sich dem Heiligtum der Isis nähert, kommt man zu diesem Kiosk von Philae, der von alters her immer wieder abgebildet wurde und gleich berühmt ist wie der Sphinx oder die Pyramiden. Einst erhob er sich auf einem Sockel aus hohen Felsen, und die Dattelpalmen umgaben ihn mit ihren luftigen Palmwedeln. Heute gibt es kein Fundament mehr, seine Säulen tauchen einzeln aus diesem irgendwie schwebenden See auf und man glaubt, dass er im Wasser für irgendeine Naumachie gebaut wurde.«
(Pierre Loti, *La mort de Philae*)
RECHTS ▪ Vertäute Segelboote in Assuan.

Der Tempel von Abu Simbel auf einer Fotografie von Antonio Beato.
Erst 1924 wird er vollständig vom Sand befreit.

Bibliografie

Aveline, Claude, *La promenade égyptienne,* Paris, Renaudot, 1988.
Baedeker, Karl, *Ägypten und der Sudan,* Leipzig, K. Baedeker, 1913.
Baedeker, Karl, *Égypte et Soudan, manuel du voyageur,* Leipzig, K. Baedeker, 1914.
Barrès, Maurice, *Mes cahiers,* Bd. VI, Paris, Plon, 1933.
Baud, Marcelle, *Égypte,* Paris, Hachette, »Les Guides Bleus«, 1950.
Bénédite, Georges, *Égypte, guide,* Paris, Hachette et Cie, »Guide Joanne«, 1900.
Bertrand, Louis, *Le Livre de la Méditerranée,* Paris, Grasset, 1911.
Bertrand, Louis, *Devant l'islam. Retour d'Égypte,* Paris, Plon, 1926.
Blottière, Alain, *Égypte 1900 vue par les cartes postales,* Kairo, Zeitouna, 1993.
Bordeaux, Henry, *Le Sphinx sans visage,* Marseille, F. Detaille, 1939.
Boulenger, Jacques, *Au fil du Nil,* Paris, Gallimard, 1933.
Carco, Francis, *Heures d'Égypte,* Avignon, E. Aubanel, 1944.
Chamla, André, *Raconte-moi Alexandrie: la vie quotidienne d'un français juif d'Alexandrie …,* Villemandeur, Éd. JPB, 1995.
Cocteau, Jean, *Maalesh,* Paris, Gallimard, 1949.
Collectif, *Alexandrie 1860–1960,* Paris, Éd. Autrement, 1992.
Cossery, Albert, *Œuvres* (8 Bde.), Paris, Joëlle Losfeld, 2000.
Danjean, Alexandre, *Récit d'un voyage circulaire en Orient,* Dijon, Jobard, 1907.
Delgoffe, José-Gabrielle, *Impressions d'Égypte,* Paris, Bishop & fils, 1941.
Durrell, Lawrence, *Das Alexandria-Quartett (Justine, Balthazar, Mountolive, Clea),* Reinbek b. Hamburg, Rowohlt, 1965.
Forster, Edward Morgan, *Alexandria: A history and a guide.,* Alexandria, Whitehead Morris Ltd., 1922.
Forster, Edward Morgan, *Alexandrie: une histoire, un guide,* Paris, Quai Voltaire, 1990.
Gazio, Pierre, *Van Leo, Portraits of Glamour,* Kairo, Zeitouna/American University in Cairo Press, 1997.
Gide, André, *Carnets d'Égypte,* in *Journal (1939–1949),* Paris, Gallimard, »Bibliothèque de la Pléiade«, 1954.
Hassan, Hassan, *In the House of Muhammad Ali: a Family Album, 1805–1952,* Kairo, American University in Cairo Press, 2000.
H. R., *Cinq semaines en Égypte,* Paris, Fortin, 1903.
Humières, Robert d', *L'île et l'empire de la Grande-Bretagne,* Paris, Mercure de France, 1904.
Ilbert, Robert, *Alexandrie, 1830–1930,* Kairo, Institut Français d'Archéologie Orientale, 1996.
Kipling, Rudyard, *Egypt of the Magicians,* in: *Cosmopolitan* und *Nash's Magazine,* Juni und November 1914.
Kipling, Rudyard, *L'Égypte des magiciens,* Paris, Minerve, 1990.
Lichtenberger, Marguerite, *Écrivains français en Égypte contemporaine,* Paris, PuF, 1934.
Loti, Pierre, *Le Désert,* Saint-Cyr-sur-Loire, C. Pirot, 1987.
Ders., *La mort de Philae,* Puiseaux, Pardès, 1990.
Luthi, Jean-Jacques, *L'Égypte des rois: 1922–1953,* Paris, L'Harmattan, 1997.
Perrault, Gilles, *Un homme à part,* Paris, B. Barrault, 1984.
Powers, H. H. (Harry Huntington), *Egypt,* New York, The Macmillan Company, 1924.
Pudney, John, *Ces messieurs Cook,* Paris, A. Bonne, 1958.
Solé, Robert, *Le Tarbouche,* Paris, Seuil, 1992.
Ungaretti, Giuseppe, *Quaderno egiziano,* 1931.
Ungaretti, Giuseppe, *Carnet égyptien,* Fata Morgana, 1998.
Youssef, Ahmed, *Cocteau l'Égyptien,* Monaco-Paris, Éd. du Rocher, 2001.
Zananiri, Gaston, *Entre mer et désert: mémoires,* Paris, Éd. du Cerf, 1996.

Rechte Seite • Kapitelle im Tempel von Chnum in Esna, Fotografie von Antonio Beato.

Danksagung

Verlag und Autor danken all jenen sehr herzlich, die zur Bildgestaltung dieses Werkes beigetragen haben: Paul Smith, Thomas Cook Archives, London, Isabelle Sadys, Agentur Keystone, Paris, sowie Zeina Arida und Tamar Sawaya der Fondation Arabe pour l'image.

Der Autor dankt Pierre Gazio für sein Wissen und seine Bibliothek.

Der Verlag dankt Paul Geday für die Bereitstellung von Dokumenten aus seiner Sammlung und aus folgenden Archiven: Collection CSF, Kairo, Lehnert and Landrock, Kairo, Orient Picture Archive, Institut français d'archéologie orientale, The Schraftberg Collection, Mena House Oberoi Hotel, Barry Iverson Collection, Archives Al Akhbar.

Übersetzerin und Lektorin danken Walter M. Weiss für seine Informationen und den Zugang zu seiner Bibliothek.

Bildnachweis

S. 1: Collection CSF, Kairo; S. 2-3: Keystone; S. 4-5: © Hulton Archive; S. 6-7: Collection Paul Geday; S. 8-9: Archives Lehnert and Landrock; S. 10: Collection CSF, Kairo; S. 12: Keystone; S. 15: Thomas Cook Archive; S. 16: © Hulton Archive; S. 19: Orient Picture Archive; S. 20: Collection Paul Geday; S. 23: Collection Paul Geday; S. 24-25: Collection Paul Geday; S. 26: Collection Paul Geday; S. 27: Collection Paul Geday; S. 28-29: © Hulton Archive; S. 30: © Hulton Archive; S. 31: © Hulton Archive; S. 32: Orient Picture Archive; S. 34: Archives Lehnert and Landrock; S. 35: Orient Picture Archive; S. 36: Orient Picture Archive; S. 37: Collection CSF, Kairo; S. 39: Orient Picture Archive; S. 40: Collection CSF, Kairo; S. 41: Institut français d'archéologie orientale; S. 42-43: Archives Lehnert and Landrock; S. 45: © Hulton Archive; S. 46: Collection CSF, Kairo; S. 47: Collection CSF, Kairo; S. 48: The Schrafberg Collection; S. 49: Orient Picture Archive; S. 50: © Hulton Archive; S. 53: Archives Lehnert and Landrock; S. 55: © Hulton Archive; S. 56: Archives Al Akhbar; S. 57: Archives Al Akhbar; S. 58: Orient Picture Archive; S. 59: Orient Picture Archive; S. 60-61: © Hulton Archive; S. 62-63: Collection Paul Geday; S. 64: Orient Picture Archive; S. 67: Collection CSF, Kairo; S. 69: Collection CSF, Kairo; S. 70: Collection CSF, Kairo; S. 72: © Hulton Archive; S. 73: © Hulton Archive; S. 74: © Hulton Archive; S. 75: Institut français d'archéologie orientale; S. 76: Collection Paul Geday; S. 79: Orient Picture Archive; S. 80: © Hulton Archive; S. 83: Thomas Cook Archive; S. 84: Lehnert and Landrock; S. 85: Collection Paul Geday; S. 86: Lehnert and Landrock; S. 88-89: Lehnert and Landrock; S. 91: Lehnert and Landrock; S. 92: Mena House Oberoi Hotel; S. 93: © Hulton Archive; S. 95: Lehnert and Landrock; S. 97: © Alinari; S. 98: © Alinari; S. 100: Lehnert and Landrock; S. 101: Lehnert and Landrock; S. 102: © Hulton Archive; S. 103: Collection Ahmed Youssef; S. 104: Collection CSF, Kairo; S. 105: Collection CSF, Kairo; S. 106: Collection CSF, Kairo; S. 108: © Fondation arabe pour l'image; S. 111: Collection CSF, Kairo; S. 113: © Hulton Archive; S. 114: Keystone; S. 116: © Hulton Archive; S. 118: © Hulton Archive; S. 119: Keystone; S. 121: Lehnert and Landrock; S. 122: The Schrafberg Collection; S. 124-125: © Hulton Archive; S. 126: Orient Picture Archive; S. 129: Orient Picture Archive; S. 130: Orient Picture Archive; S. 131: Orient Picture Archive; S. 132: © Fondation arabe pour l'image; S. 133: Orient Picture Archive; S. 134: © Fondation arabe pour l'image; S. 135: © Fondation arabe pour l'image; S. 136: Orient Picture Archive; S. 137: Orient Picture Archive; S. 138: © Alinari; S. 141: © Alinari; S. 142-143: © Hulton Archive; S. 144: Lehnert and Landrock; S. 145: Lehnert and Landrock; S. 146: Collection Paul Geday; S. 149: The Schrafberg Collection; S. 150 oben: © Fondation arabe pour l'image; unten: © Van Leo Collection, Rare Books and Special Collections Library, the American University in Cairo; S. 151: Archives Al Akhbar; S. 152: Archives Lehnert and Landrock; S. 154-155: Barry Iverson Collection; S. 156: © Van Leo Collection, Rare Books and Special Collections Library, the American University in Cairo; S. 157 © Van Leo Collection, Rare Books and Special Collections Library, the American University in Cairo; S. 158: © Fondation arabe pour l'image; S. 159: © Fondation arabe pour l'image; S. 160: © Fondation arabe pour l'image; S. 161: © Fondation arabe pour l'image; S. 162: Orient Picture Archive S. 163: Orient Picture Archive; S. 164: Archives Al Akhbar; S. 165: © Van Leo Collection, Rare Books and Special Collections Library, the American University in Cairo; S. 166-167: © Fondation arabe pour l'image; S. 169: Collection Paul Geday; S. 170: Collection Paul Geday; S. 173: Collection Paul Geday; S. 174: © Hulton Archive; S. 177: © Hulton Archive; S. 178-179: Thomas Cook Archive; S. 181: Collection Paul Geday; S. 182: Collection Paul Geday; S. 185: © Thomas Cook Archive; S. 187: © Hulton Archive; S. 188: Collection Paul Geday; S. 190: Institut français d'archéologie orientale; S. 191: Institut français d'archéologie orientale; S. 192: Collection Paul Geday; S. 195: Institut français d'archéologie orientale; S. 196-197: Collection Paul Geday; S. 198-199: Collection Paul Geday; S. 200: Institut français d'archéologie orientale; S. 201: © Hulton Archive; S. 203: © Keystone; S. 204: Collection Paul Geday; S. 207: © Hulton Archive; S. 209: Collection Paul Geday; S. 210: Collection Paul Geday; S. 212: Collection Paul Geday; S. 215: Collection Paul Geday.

Titel der französischen Originalausgabe
Un voyage en Égypte
Copyright © 2003 by Éditions Flammarion, Paris

Grafische Gestaltung
Bernard Lagacé

Bildrecherche
Paul Geday

Reproduktion der Abbildungen
Labogravure, Bordeaux

Druck
Polina – n° L87769B

Copyright © 2003 der deutschsprachigen Ausgabe by Éditions Flammarion, Paris

Alle Rechte der Verbreitung, auch durch Film, Funk und Fernsehen, fotomechanische Wiedergabe, Tonträger jeder Art, auszugsweisen Nachdruck oder Einspeicherung und Rückgewinnung in Informationssystemen aller Art, sind vorbehalten.

Koordination
AIO, München

Lektorat & DTP
Barbara Sternthal, Wien

Printed in France

Éditions Flammarion 26, rue Racine, F-75006 Paris

ISBN 2-0802-1012-2
FB 1012-03-X
Dépôt légal: 10/2003